Gerencia de la Humildad

Sanando personas y empresas de la soberbia

HILDEMARO INFANTE

©Gerencia de la humildad
© Hildemaro Infante
1a edición en español: enero 2017

Concepto de portada: Hildemaro Infante
Edición y corrección: Lesbia Quintero
Producción gráfica: Liliana Acosta
Coordinación editorial para versión Amazon: Nelson Cordido

Ediciones H. Infante & Asociados
Para mayor información relacionada con el Autor visite:

@hinfantei

.hinfante.com

http://www.youtube.com/user/h0124012

Caracas, Venezuela

ISBN:1542985595
ISBN-13:9781542985598

 El Símbolo de la Portada pertenece a la tradición asante en Ghana. Con cuernos de carnero representa la fuerza de la humildad en todos los aspectos de la vida, para aprender, adquirir conocimientos y erradicar la arrogancia.

HILDEMARO INFANTE

DEDICATORIA

A mi esposa María del Mar y a mis hijos Victoria, Javier y Álvaro, mi motivación y alegría.

A la memoria de mis padres, Hildemaro y Eugenia. Siempre guían mis pasos.

PRÓLOGO

Alejandro Serrano Caldera [1]

El libro de Hildemaro Infante *Gerencia de la Humildad. Sanando personas y empresas de la soberbia,* es una reflexión que conduce a replantearse los valores y principios que constituyen la naturaleza esencial, es decir, la identidad, de la persona, la empresa y la sociedad, tanto en su condición particular e intrínseca, como en la relación que entre ellas existe, la interacción que produce y que incide en su caracterización individual y colectiva.

La humildad es asumida como un valor necesario, que al definir al sujeto que la práctica, identifica también la naturaleza de la empresa en la que ejerce su trabajo y cambia el concepto predominante que hasta hoy se ha tenido de ella y que determina su ejercicio y funcionamiento.

La empresa no es un campo de batalla entre los factores de producción capital y trabajo, sino el centro de convergencia de un interés compartido que proviene de distintos puntos y lugares. Es

---

[1] Jurista, filósofo y escritor nicaragüense, Profesor Visitante y Conferencista en universidades de Europa, Estados Unidos y América Latina. Colaborador de Revistas y Enciclopedias filosóficas y jurídicas.
Rector de la Universidad Nacional Autónoma de Nicaragua, UNAN-Managua, 1990-94, Presidente del Consejo Nacional de Universidades, CNU, 1990-94 y Presidente del Consejo Superior Universitario Centroamericano (CSUCA) 1993-94. Consejero Regional para América Latina de la Organización Internacional del Trabajo (OIT) en San José, Costa Rica de 1974 a 1976 y en Lima, Perú en 1977-1979. Miembro del Comité de Derechos Humanos de la ONU, 1984-92.
Embajador de Nicaragua en Francia y ante la UNESCO de 1979-85, Embajador de Nicaragua ante la Organización de las Naciones Unidas, ONU de 1988-90. Presidente de la Corte Suprema de Justicia. Managua, Nicaragua de 1985-88.
Miembro de Número de la Academia Nicaragüense de la Lengua
Ha publicado más de veinte obras en Filosofía, Derecho y Ciencias Políticas.

por ello que la humildad debe ser asumida como un fin ético, es el bien común de la empresa y la sociedad. Desde ese punto de vista, el concepto de humildad debe entenderse como finalidad esencial del nuevo liderazgo, el que, para ser verdadero, debe, como dice Hildemaro Infante, tener "una alta dosis de humildad y modestia", y además, "no vivir de los logros pasados y plantearse el futuro como objetivo", pues "el liderazgo no se compra ni se impone, surge desde el interior de cada persona".

La humildad es el balance entre los conocimientos, experiencia y calidades humanas. "Con la humildad, el auténtico líder tiene como norte el bien común de la empresa y la sociedad".

Es pues necesario establecer la relación y complementación entre orden político, gobernabilidad, liderazgo y humildad, tal como el libro lo sugiere al referirse a la línea que Samuel Huntington plantea en su obra *El orden político en las sociedades en cambio*.

Es así como Hildemaro Infante va desarrollando el concepto de humildad como expresión de los valores fundamentales de la persona, la empresa y la sociedad; es desde esa calificación axiológica que va tratando los diferentes temas partiendo del concepto mismo de humildad y el sentido que asume en los negocios; el liderazgo; la comunicación que exige saber escuchar al interlocutor; el servicio personal y la empatía, para luego, basado en la confianza, establecer la relación entre el profesional, la persona, la ética y la felicidad.

Considero que el libro de Hildemaro Infante, a través de los diferentes aspectos que aborda, reafirma tres ejes temáticos fundamentales: los valores, la ética y los Derechos Humanos.

Los valores son las cualidades del sujeto. La virtud, la justicia, la bondad, y en este caso la humildad, son valores y cualidades que califican a la persona. La ética viene formada por el ethos, que es precisamente el sistema de valores y principios que la constituyen. En su sentido más amplio, la ética es la adecuación de la acción a los fines, "un saber de valores morales", como la define José

Ferrater Mora; "un conjunto de reglas de comportamiento y formas de vida a través de las cuales tiende el hombre a realizar el valor de lo bueno", como expresa Eduardo García Maynez. Aristóteles, en su Ética a Nicómaco dice: "El bien de cada actividad es el fin al que ella tiende. Todos los actos del hombre persiguen una finalidad determinada y en la consecución de ella encuentra su propio bien."

Los Derechos Humanos vienen constituidos por la convergencia de esos valores y principios, en ese sentido son la filosofía moral de nuestro tiempo y como tal, descansan en una ética integral acorde a los problemas y contradicciones que se debaten en la actualidad. Son, por tanto, la base del humanismo universal contemporáneo.

La humildad es una condición de la persona que permite enlazar estas categorías, pues a través de ellas el sujeto puede percibir y ejercer los valores esenciales, tanto en su propia naturaleza, como en las demás personas y grupos sociales. A partir de ese punto, el *ethos*, conforma la ética como sistema de reglas prácticas que norma la conducta individual y colectiva y sustenta los derechos fundamentales del ser humano.

En este sentido la humildad, tal como viene formulada en el libro que comentamos, no es una disminución de la valoración del sujeto, ni una devaluación de la autoestima, sino la apertura y tolerancia para escuchar y atender los puntos de vista diferentes y aún opuestos, para aceptar los argumentos contrarios, si éstos son capaces de convencer, o para mantener los propios, si reafirman la convicción y el criterio que los sustenta.

Esperamos que el valioso mensaje que contiene el libro de Hildemaro Infante, y su aporte indiscutible al estudio y debate de este tema, pueda contribuir a fomentar la tolerancia, la firmeza y el pensamiento crítico.

PREFACIO

Los valores se aprenden en el hogar. Los padres o, personas que ejercieron la crianza de otros, nunca impartieron clases o dieron explicaciones referidas al tema. Trasmitieron la formación modelada con su actuación diaria y con el ejemplo. De esa forma lograron que la gente que rodeaba sus entornos internalizará principios, proporcionándoles reguladores de conducta necesarios para orientar, de manera positiva, sus aspiraciones, aportando a las sociedades guías para perfeccionarse.

Los valores se pueden definir atendiendo a su naturaleza:

- **Valores personales (humanos)**: se aprenden en el hogar, principalmente de los padres, y se alimentan de las premisas que permiten la aceptación social que impulsa al ser humano en su progreso y en la búsqueda de la mejora continua.

- **Valores colectivos**: son principios que generan acciones comunes por parte de los individuos que pertenecen a una colectividad.

- **Valores culturales**: son el soporte de la identidad de un país, región o pueblo y que se pone en evidencia con sus en usos y costumbres.

En la categoría de valores individuales humanos, la humildad tiene un papel protagónico por ser, además de un valor, una competencia esencial que debe poseer y practicar todo ser humano; de ella dependen sus posibilidades de alcanzar metas, prosperidad, plenitud personal y profesional. Cuando una persona se plantea una meta y no es lo suficientemente humilde para entender que no lo sabe todo, y necesitará ayuda, puede sufrir en el trayecto, por tanto, sus posibilidades de logro y éxito están limitadas desde el inicio.

En el mundo corporativo, se conocen grandes casos de negocio que evidencian abandono de clientes por la mala calidad del servicio que reciben; además, por no haber sido escuchados ni atendidos, lo cual indica que no entendieron sus necesidades.

Si las empresas no practican la humildad, pierden de vista que ser líder en un nicho de mercado no tiene que ver con superioridad sino con servir, escuchar y entender necesidades.

Uno de los elementos que tiene más influencia en la crisis de valores humanos colectivos en las empresas, es la carencia de humildad. Valor y competencia humana, que permite determinar cuándo reinventarse, atendiendo a las tendencias de los mercados. La humildad proporciona las fortalezas necesarias para reconocer errores, anteponiendo las necesidades de los clientes, aplicar correctivos que permitan consolidar liderazgos responsables, al mismo tiempo que protege la reputación y marcas de la empresa.

Caerse y levantarse con dignidad es parte esencial del ciclo de vida de todo empresario, profesional y ser humano. Las personas no deben definirse por los bienes materiales que poseen ni por la posición social, tampoco por el poder sobre otros, el prestigio ni la popularidad, sino por lo que son y los aspectos de su conducta, carácter y personalidad que los definen.

La humildad es la competencia humana que permite a los seres humanos, cuando hablan de sí mismos, referirse a lo que son y no a lo que tienen. Un ser humano que pone en práctica la humildad escucha y entiende los puntos de vista de otras personas, sin tener necesariamente que compartirlos. Una palabra pronunciada con humildad significa mucho más que mil palabras dichas con soberbia.

Estas páginas tienen como finalidad proporcionar una guía amena y sencilla para conocer las conductas asociadas a la humildad como valor y competencia humana; con el objetivo de practicarlas, facilitando el aprendizaje continuo, el desarrollo de la vocación de servicio para ser personas y profesionales integrales, que identifican el trayecto en línea recta entre los sueños y la posibilidad de concretarlos; aportando a la conducta habitual, la consistencia de la coherencia, poniendo en práctica lo que se dice y lo que se piensa.

¿Quién es el mejor agricultor?

El que conoce detalladamente las calidades de los terrenos, climas, semillas y plantas. El que sabe cuáles son los mejores métodos e instrumentos de labranza. El que identifica medios para hacer que la tierra produzca, con el menor costo posible, en las cantidades y tiempos óptimos. El mejor agricultor es el que tiene más conocimiento sobre la práctica de su profesión.

Atendiendo a este planteamiento, el enfoque para abordar el presente contenido es protagónico, por tanto, utiliza como soporte experiencias laborales desempeñando diversos roles:

- **Empleado y gerente**: ejerciendo posiciones de dirección en empresas líderes de los sectores *retail*, consumo masivo, servicios y manufactura.

- **Consultor gerencial**: ejecutando diversos proyectos en Centroamérica, Ecuador, Colombia y Venezuela, en las áreas de planificación estratégica y operativa; valoración de empresas, análisis de procesos, claves de valor para el sector *retail*, desarrollo de ambientes laborales felices, selección de talento, compensación, formación de equipos de alto rendimiento y relaciones laborales.

- **Docente**: Impartiendo formación, durante más de doce años, en programas de postgrado en las materias: compras, fundamentos del *retail*, métricas del mercadeo y equipos de alto rendimiento.

- **Escritor**: Autor del libro Pirámide de la Felicidad Laboral, donde proponemos que pasamos más tiempo en el trabajo que en ninguna otra actividad de nuestra vida adulta, por eso debemos buscar la felicidad y realización laboral, porque cuando amas lo que haces, tienes más posibilidades de ser feliz en tu vida personal y vivir plenamente.

Todas estas experiencias se han puesto al servicio del presente contenido, con el fin de proporcionarle al lector realidad, posibilidad de aplicación práctica, disfrute y reflexión sobre las ventajas de la práctica de la humildad como valor y como competencia, que permite conocer los límites de las capacidades, tener claras las fortalezas, manejar el éxito con prudencia, fortalecer la conciencia de no despreciar a nadie, saber escuchar a otros y permanecer alerta aprendiendo constantemente de todo y de todos.

El Autor

1 HUMILDAD

Muchas veces escuchamos una palabra, un concepto y lo podemos manejar de forma emocional. Una palabra que genera emociones y que se puede repetir sin analizar lo que estamos diciendo. Repetimos la palabra suponiendo que para todos significa lo mismo. Los conceptos, las palabras tienen diferentes significados y sentidos, dependiendo de los enfoques de cada ser humano. Por eso es necesario preguntarnos por su origen e interpretaciones.

Significado de humildad

Profundizando el significado de la palabra humildad. La etimología dice que humildad procede de humus, es decir, aquello que se desprende de la naturaleza y, a su vez, la fertiliza y la hace crecer. La humildad sería la esencia. ¿Qué es para usted esencial en su vida? ¿la familia, el trabajo o las aficiones? Todos tienen algo que consideran importante, la verdadera esencia. El resto es superficial, difícil es identificarlo y saber reconocerlo.

Cuando los seres, se rodean de cosas artificiales y materiales, y el objetivo no es disfrutarlas sino poseerlas, ¿tiene claro lo valioso? No se puede negar que existen muchas cosas materiales que no permanecen con el tiempo. De igual forma, nada ni nadie puede arrebatarle a una persona sus recuerdos, risas, momentos espontáneos y disfrute. ¿Es mejor invertir en recuerdos que en lujos? ¿Cómo evitar ser personas artificiales? ¿Cómo volver a la esencia? La humildad tiene las respuestas a estas interrogantes.

El concepto de humildad

La humildad es un concepto inherente a los seres humanos, se encuentra en el escrito gerencial de mayor difusión en la historia de la humanidad: la Biblia, donde se le da la definición de amar a otros, no siendo débil.

> *No hagan nada por egoísmo o vanidad, sino con humildad.*
> *Filipenses 2:3.*

Cuando se es humilde se manejan las injusticias, respondiendo con inteligencia y serenidad, sin ser dominado por la amargura. Con humildad no necesitas la venganza, despojándote de frustraciones, ira y enojo. Al ser humilde se puede aprender de los cuestionamientos sin actitud defensiva, con capacidad de diferenciar si es merecido o no. Asimismo, los errores y fracasos se asumen con consciencia, y se aprende de ellos, sin sentirse disminuido.

Con frecuencia, para graficar el carácter de un directivo de alto perfil, se utiliza la imagen de una persona fría, insensible, decidida, cruel, sanguinaria, con una hilera de dientes lista para devorar su próxima víctima. Sin embargo, la realidad es que cada vez más profesionales consideran que para ser un buen líder se debe aprender a ser humilde, esto no lo enuncian idealistas, si no, entre otros: Nitin Nohria, decano de Harvard Business School.

Cuando la Revista Bloomberg Businessweekse le preguntó: ¿Qué es lo que se debería enseñar a los líderes empresariales?, su respuesta fue clara: "humildad". Quizá su respuesta no fue técnica ni académica, pero está claro que contiene una gran dosis de humanidad.

Los líderes empresariales sufren de exceso de confianza y de un exagerado sentido de su fuerza de carácter (...)

Desarrollar el carácter es un proceso de vida similar al desarrollo del conocimiento (...) Las escuelas de negocios debemos enseñar a no caer en la arrogancia.

Humildad es el significado de liderazgo para el decano de la escuela de negocios más influyente del mundo.

El comportamiento de las personas, en estrategias de marketing de redes sociales, celebra la arrogancia, la presunción y la atención desmesurada hacia sí mismo. Los seres humanos dejan de lado su esencia, se vuelven más y más competitivos, pero no para satisfacer sus necesidades sino deseos de atención, obsesionados por la apariencia y cada vez más egoístas. La soberbia está concentrada en lo que piensan y digan los demás, en las apariencias; mientras que la humildad se enfoca solo en realidades y lo que piensa la persona de sí misma.

El rechazo instintivo de muchos directivos hacia la palabra humildad proviene de un malentendido fundamental con el concepto, porque se le asocia a pobreza y baja autoestima. Cuando en realidad la humildad es la competencia de liderazgo que facilita el trabajo en equipo; la escucha del cliente y de colaboradores, la atención a dinámicas externas y la posibilidad del aprendizaje continuo.

Muchos directivos muestran una excesiva confianza en su fuerza de carácter, se sienten seguros de poder enfrentar cualquier problema evitando la confrontación de opiniones. Cuando un líder tiene un punto de vista único corre el riesgo de dejar de lado la visión de conjunto de los problemas, de esa forma todas las decisiones serán tomadas jerárquicamente, sin considerar los elementos que la rodean y el entorno del negocio. Esa actitud los aparta del mundo e impone la ilusión de ser invencibles y perfectos, lo cual es una antesala del fracaso.

En un estudio realizado por Martin Seligman, fundador de la Psicología Positiva y autor de Virtudes y fortalezas del carácter, la humildad se caracteriza de esta manera:

- Una conciencia profunda de las habilidades.
- La capacidad de reconocer errores, deficiencias y límites.
- La apertura a nuevas ideas, sugerencias contradictorias a lo que se piensa.
- Un enfoque no exclusivo sobre sí mismo.
- La capacidad de apreciar la contribución de los demás.

La gente humilde no cree que las cosas se logran porque sí, sino que deben conquistarlas en las mismas condiciones que los demás. Este enfoque les lleva a tener una perspectiva sobre el mundo, menos contaminada por prejuicios, invitándolo a ser tolerante con los demás y menos esclavos a sus creencias. Lo cual no significa ser permisivos, sino asertivos, luchar con generosidad por lo que se cree, respetándose a sí mismo y a los otros. La humildad, de hecho, ayuda a reforzar y a reparar las relaciones, así como a construir lazos más fuertes entre las personas.

Humildad, como valor

No existe ninguna duda de que los valores son los reguladores del comportamiento que se aprenden en el hogar. Cuando analizamos la humildad como un valor, se pone evidencia que no tiene relación con la pobreza, ni con ser sumiso, callar y obedecer, sino que está íntimamente relacionado con escuchar, aprender de otros, respetar y colaborar en todo lo posible. Es desconocer la arrogancia y reconocer las capacidades físicas, intelectuales y emocionales de los demás.

Humildad es un signo de grandeza que permite a las personas ser dignas de confianza, flexibles y adaptables. Una persona humilde puede trabajar y lograr un rendimiento óptimo en ambientes distintos, aplicando la coherencia del pensamiento con actuación, porque para exigir derechos se debe antes cumplir deberes.

Humildad = Fortaleza Personal

Humildad es ser realistas, conocernos y vernos tal cual somos. Únicamente así podremos aprovechar lo que poseemos para alcanzar el máximo rendimiento personal y laboral. Realizar el inventario de aspectos que conforman a la persona y le agradan, capacidades que no se han aprovechado o aptitudes no desarrolladas para reconocerlas, aceptarlas y tomar el reto de competir contra sí mismo, asumiendo que se tiene el control y puede reinventarse para ser mejor.

Humildad como competencia

El modelo de competencias se utiliza en el entorno laboral y se define como saber hacer en contexto de trabajo. Es la combinación de conocimientos, capacidades y comportamientos que se pueden utilizar en la vida profesional y conducir al logro de resultados superiores en un determinado entorno.

Cuando ponemos en práctica la humildad en el trabajo, podemos aceptar que no se tiene todo el conocimiento, que se necesita ayuda y cualquier ser humano puede ser corregido y guiado, agradeciéndolo como un aporte para ser mejor.

¿Cómo se ejerce la competencia de la humildad?

Un gerente de Gestión Humana convocó a dos colaboradores para conocer detalles de un retraso con respecto a un trabajo asignado. Uno de los subordinados, lejos de reconocer su incumplimiento se justificó sin argumentos, incluso llegó hasta echarle la culpa a terceros por su actuación. El otro miembro del equipo, sin embargo, reconoció sinceramente había planificado mal su tiempo lo que generó el retraso. En situaciones como estas surgen las preguntas:

- ¿Quién actuó mejor?
- ¿Cuál de los dos es más confiable?

La humildad es la luz al final del túnel. En medio de él se puede mirar atrás y retornar a la oscuridad de la soberbia, en cambio, sí se ve al frente brilla la esperanza de reconocer errores, brindando la oportunidad de comenzar de nuevo para transmitir tranquilidad en el trabajo, las empresas y la vida.

En una sesión para empresarios mexicanos, Carlos Llano, un gran estudioso del mundo empresarial, preguntó a los asistentes cuál sería su reacción ante un empleado complicado. Uno respondió: "despedirlo". Inmediatamente, Carlos Llano, con gritos, corrió al empresario que le respondió de esa forma. ¿No escuchaste? ¡Sal de inmediato! Luego, una vez que lo había expulsado, les preguntó a los demás ¿qué les pareció? Debe haberse sentido mal, ¿verdad? Esta anécdota presenta de una forma gráfica la relación entre liderazgo y humildad.

Humildad implica no sentirse más que los demás, ni menos que nadie. Se espera servir en la empresa y en la comunidad donde se hace vida, compartiendo el conocimiento y las experiencias para ayudar a otros, con la finalidad de que desarrollen todo su potencial.

Cuando suceden situaciones difíciles en las empresas, se presentan dos alternativas: negar o reconocer. La primera se centra en el amor propio, la segunda permite ponernos en el lugar de los demás. Muchos de los escándalos en el sector corporativo tienen su origen en la falta de humildad de sus directivos. Esa carencia les impidió corregir a tiempo un error pequeño, cuya continuidad se transformó en un mal endémico, donde la soberbia generó consecuencias directas para ellos, los trabajadores, la empresa, sus marcas y los clientes.

Dirigir una empresa no solo exige estar atento al presente, sino también actuar de forma correcta para consolidar y hacer crecer la reputación de la organización. La esencia del liderazgo para construir un futuro organizacional sólido tiene un respaldo esencial en la humildad, porque acerca los clientes y permite conocer sus necesidades actuales y futuras, generando relaciones soportadas en la confianza.

Entre las actitudes que debe posee un gerente, podemos resaltar la de conocer dónde se encuentra la empresa, definir dónde debe llegar y cómo conducirse a sí mismo y los demás hasta ese punto. Además de esas cualidades que facilitan la gestión de directores y gerentes empresariales, también deben entender que los procesos técnicos son tan relevantes como la gente que trabaja con ellos. La capacidad de integrar lo múltiple, simplificar lo complejo, mantener cohesión organizacional y fortalecer su personalidad con el trabajo en equipo.

En los momentos de crisis, frecuentes en los negocios, el líder tiene que ser responsable de sus actos. Junto a la relevancia que lo motiva a buscar altos resultados, debe ser modelo para formar al personal que trabaja con él y desarrollar colaboradores alineados con las metas.

En conclusión, la humildad se transforma en una competencia imprescindible para la construcción esencial de la marca de liderazgo de una empresa que, al igual que el capital monetario, intelectual y social, constituye un respaldo que permite consolidar y hacer crecer la empresa y generar más rentabilidad a los accionistas.

¿Qué es una competencia laboral?

De acuerdo a Spencer y Spencer, una competencia es definida de la siguiente forma:

> …una característica subyacente de un individuo que está causalmente relacionada a un criterio referenciado como efectivo y/o un desempeño superior en un trabajo o en una situación.
>
> (Spencer y Spencer,1993).

Cada día las empresas invierten más tiempo en tomar decisiones relacionadas con sus colaboradores: reclutamiento, promoción, traslados, mejora del desempeño, compensación, retiro, capacitación y desarrollo, entre otras. Poder llevar a cabo la estrategia de un negocio depende directamente (en la calidad, rapidez y acierto) de esas decisiones. Desde una perspectiva gerencial, el modelo de gestión por competencias ha probado ser un método confiable para predecir el éxito, o fracaso, de un colaborador en una determinada posición de la empresa.

El modelo de competencias traduce conocimientos, habilidades, motivos y atributos de la gente en conductas observables y repetibles, que pueden ser fácilmente identificables y modeladas mediante la gerencia del talento. Las competencias determinan las conductas que son capaces de generar resultados para la empresa, en el desempeño de un rol/cargo o en otras situaciones organizacionales.

Desarrollo del modelo de competencias

La puesta en práctica del modelo de competencias es resultado de una gestión profesional especializada, sustentada en el análisis de la organización, del trabajo y de las personas. Este modelo tiene como objetivo diseñar perfiles de éxito para puestos críticos compatibles con los fines únicos de la organización. Su creación exige tener un objetivo claro, además de explicar cómo el ciclo evolutivo del talento está alineado con la estrategia organizacional y con los resultados del negocio.

Uno de los documentos principales que genera este trabajo es el diccionario de competencias, donde se definen y registran de forma ordenada las aptitudes y conductas de un individuo para intervenir con éxito en un asunto determinado.

Cuando se analizan los diccionarios de competencias de la gran mayoría de empresas, se evidencia que no contienen la competencia de la humildad como una de las conductas principales para alcanzar éxito en su entorno laboral. Por tanto, los departamentos de selección de personal no cuentan con pruebas o dinámicas que puedan medir su presencia y la posibilidad de ponerla en práctica. Esta carencia trae como consecuencia que los propios líderes sean referentes de deslealtad, y hacen que las áreas de gestión a su cargo trabajen aisladas y no como equipos de alto rendimiento, representando modelos de conducta y de gestión equivocados para el resto de la organización.

Tipos de competencias

Dependiendo de su aplicación las competencias pueden ser:

- Competencias para desempeño superior con fines de selección y desarrollo.
- Competencias en ambiente de cambio, en el entorno o la propia organización, procesos de innovación, reestructuraciones, entre otros elementos.

- Competencias para el trabajo en equipos auto dirigidos o de alto desempeño.
- Competencias para la gerencia proyectos.

¿Cómo se incorpora la humildad al modelo de competencias de las empresas?

La humildad se imbrica con la conciencia de lo que somos, con nuestras fortalezas y nos brinda la oportunidad de crecer como seres humanos. Desarrolla una barrera para no creernos superiores a los demás y, así, actuar en consecuencia. También es aceptar que no somos perfectos, que somos humanos, cometemos errores y podemos aprender de ellos. La ausencia de humildad se define como soberbia, prepotencia o arrogancia. Ser humilde es permitir hacer y dejar ser, sin arrogancia para reconocer los méritos de los demás.

¿Conductas asociadas a la humildad?

Las conductas más reconocidas como actos de humildad y que permiten ponerla en práctica como competencia laboral son:

- Solicitar opiniones a otros sobre diferentes asuntos.
- Valorar a los más capaces en una materia y solicitarles ayuda cuando es necesario.
- No insistir sobre los éxitos logrados.
- Admitir la ignorancia sobre un tema cuando no lo entendemos.
- Perder el temor a cometer errores, reconocer fallas y rectificar.
- No compararse ni comparar a los demás innecesariamente.
- Dar crédito a los verdaderos autores de una idea.
- Reconocer que siempre hay más para aprender.
- Compartir los conocimientos.
- Cuando se tiene éxito, ponerse en el lugar en el que se

estaba antes de lograrlo para no perder la perspectiva, ser agradecido y no alardear de ellos.

* Estar dispuesto a escuchar a los demás en conversaciones, sin prejuicios sobre el emisor de la idea.

Uno de los principales respaldos de la competencia de humildad, es tener claro que no existe diferencia alguna entre los seres humanos, que nadie es superior a otro, todos tienen su valor y pueden realizar aportes importantes.

¿Quién es el responsable de poner en práctica la humildad?

Una empresa brindaba un pésimo servicio, y sus colaboradores eran soberbios. Esta conducta se modelaba desde la directiva, por eso no alcanzaban resultados, sus ventas decrecieron y llegaron al borde de la quiebra. Unos culpaban a factores económicos, otros a los lujos de los directivos. Nadie quería ser protagonista del cambio, asumir su responsabilidad, ni aplicar la competencia de la humildad.

Los accionistas, agotados de la degradación laboral y humana, un día pusieron en la puerta de la organización un aviso que anunciaba el cierre de la empresa por la muerte del colaborador que la limitaba y le impedía alcanzar su potencial. El anuncio informaba que el trabajador sería velado en uno de los salones de conferencia. Todos se sorprendieron y, por curiosidad, fueron a ver quién era. La sorpresa fue colosal al ver que el salón de conferencias estaba rodeado de espejos que los reflejaban a todos.

> **La puesta en práctica de la humildad en el trabajo y en la vida depende de cada ser humano**

Los tecnócratas son aquellas personas que van a hacer lo que tengan que hacer para alcanzar resultados óptimos, sin importar las consecuencias que esto tenga en las personas. Mucha técnica y poca humanidad. El servicio al cliente se ha "mecanizado", es positivo que las empresas tengan procesos internos, pero cuando restamos calidad humana es bastante complicado que el cliente se sienta atendido y respetado. Los grandes cambios en las áreas de servicio al cliente se sustentan en fortalecer la humildad en los colaboradores, cuando un cliente es recibido con respeto y cordialidad se abona el terreno para su satisfacción. La técnica, la experiencia y el conocimiento son factores importantes y necesarios siempre y cuando sean puestos al servicio de las personas.

> **El éxito social de una organización y un ser humano =**
> **calidad humana + competencias técnicas**

Humildad y negocios

Uno de los primeros escritores que planteó las ventajas de la humildad en los negocios fue el sacerdote católico Jaime Balmes, autor del libro El criterio. La obra del autor español tiene un capítulo completo sobre la humildad y su relación con los negocios, en él se detallan los beneficios de su aplicación práctica.

- Por la humildad conocemos el límite de las fuerzas. Un análisis frío y objetivo permite determinar los defectos que cuesta reconocer y, por tanto, son obstáculos permanentes para el progreso de lo que emprendemos.

- Cuando se adopta una actitud humilde en acciones diarias se piden opiniones y ayuda. Al aplicar el benchmarking en un negocio, se reconoce que existen empresas y personas que hacen las cosas mejor. Hay empresas que no emplean esta práctica, no porque la desconozcan, sino porque se resisten a aceptar que hay otros métodos óptimos y de los que se puede aprender algo. Balmes, además, hace mucho énfasis en recibir y escuchar a personas de todos los niveles. Algunas veces, las mejores prácticas están en manos de los colaboradores ubicados en la base de la pirámide, a quienes en muchos casos no se les considera ni se les presta la atención debida.

- La humildad no nos disminuye, sino lo contrario, nos estimula a crecer y superarnos. Solo si sabemos qué se debe mejorar se puede pretender ser más. La humildad sirve de mapa para que el gerente identifique conductas impropias y rectifique. No se crea superior que la competencia, y tenga la disposición de aprender de los demás, y la conciencia de ser susceptible a otras mejoras.

De acuerdo con Balmes la Humildad:

La humildad es la verdad, pero aplicada al conocimiento de lo que somos... no deja creer jamás que hemos llegado a la cumbre en ningún sentido, ni cegarnos hasta el punto de no ver lo mucho que queda por adelantar y la ventaja que otros llevan (...) [la humildad] Es una virtud de suma utilidad en la práctica, aun en las cosas puramente mundanas.

Los empresarios no pueden ignorar este principio si quieren consolidar y hacer crecer un negocio.

En los últimos veinte años, una generación de emprendedores ha logrado destacarse al alcanzar el éxito en distintos modelos de negocios. Nombres como Steve Jobs y Arianna Huffington, entre otros, han desarrollado un prestigio sustentado en una forma y un estilo propio de visualizar oportunidades, capitalizarlas y consolidar empresas exitosas.

En el mundo actual, donde el culto al liderazgo y a quienes lo desempeñan es cada vez más evidente, surge una interrogante: ¿qué lugar ocupa la humildad en el éxito de los negocios? La respuesta es concreta y sencilla, es un elemento esencial y necesario. Un estudio realizado por la University of Washington Foster School of Business, señaló que las personas humildes son líderes más efectivos; también tienen altas probabilidades de desempeñarse con éxito en su gestión individual y como miembro de un equipo.

Los líderes que poseen humildad están conscientes tanto de sus fortalezas como de sus debilidades, por cuanto, saben reconocer las oportunidades de mejoras, ya que se sienten seguros de sí mismos. No necesitan la vanidad, tienen mente abierta y se integran a equipos de trabajo con facilidad, sin ser sumisos.

Jim Collins, el prestigioso gurú, citado y leído en el mundo de la gerencia, ha estudiado por años el comportamiento de las empresas, analizando desde pequeñas iniciativas hasta grandes multinacionales. Sus libros, Empresas que perduran (Paidós, 1996) y Empresas que sobresalen (Deusto, 2011) han vendido más de tres millones de copias y se han traducido a 35 idiomas. En ellos el autor afirma que el verdadero factor diferenciador de un gran liderazgo, no deriva de la personalidad sino de la humildad.

En Empresas que Sobresalen, Collins establece los siguientes niveles de liderazgo:

NIVEL 5 : EJECUTIVO DE NIVEL 5
Construye grandeza durable mediante una paradójica combinación de humildad personal y voluntad profesional

NIVEL 4 : LÍDER EFICIENTE
Cristaliza el compromiso para buscar vigorosamente una visión clara y obligante y fomenta las más altas normas de rendimiento.

NIVEL 3 : GERENTE COMPETENTE
Organiza al personal y los recursos en una búsqueda eficiente de objetivos predeterminados

NIVEL 2 : MIEMBRO DE UN EQUIPO QUE HACE UN APORTE
Individuo que contribuye con sus capacidades para alcanzar los objetivos del equipo y trabaja eficientemente en equipo

NIVEL 1: INDIVIDUO DE GRAN CAPACIDAD
Hace un aporte productivo en virtud de su talento, conocimiento, destrezas y buenos hábitos de trabajo

Jim Collins define el nivel superlativo del liderazgo en la cima de la pirámide y lo clasifica con el número 5, ilustrándolo con un caso de negocios que refuerza la presencia de la humildad como un rasgo distintivo de los líderes capaces de conducir a su empresa a resultados extraordinarios. En 1971, un hombre, en apariencia, normal llamado Darwin E. Smith se convirtió en director general de Kimberly Clark, una antigua compañía de la industria del papel cuyas acciones habían decrecido 36 % durante los veinte años anteriores a su gestión. Este ejecutivo generó un cambio asombroso, transformando a Kimberly-

Clark en la empresa líder en el mercado del papel en todo el mundo. La compañía superó a sus rivales directos: Scott Paper y Procter & Gamble, asimismo, supero en rentabilidades a compañías reconocidas como Coca Cola, 3M y General Electric.

¿Cómo lo hizo?

Al convertirse en director general, Darwin E. Smith y su equipo concluyeron que el negocio principal de la empresa, el tradicional papel de baño de colores, no estaba orientado a una necesidad de mercado, por tanto, se condenaba a una mediocridad que lo conducía a la desaparición. Las finanzas de la compañía no eran positivas al igual que su competitividad. Kimberly Clark debía buscar y hallar la excelencia o desaparecer. Smith anunció la resolución de vender los molinos de papel y migrar al negocio del papel de consumo masivo, invirtiendo en empresas como Huggies y Kleenex. La prensa calificó el movimiento de poco inteligente, en Wall Street las acciones redujeron su valor. Ante esas circunstancias Smith no dio muestras de debilidad, veinticinco años después, Kimberly Clark era propietaria de Scott Paper, además superaba a Procter & Gamble en seis de ocho categorías de productos derivados del papel, en las cuales ambas competían.

Darwin Smith es el modelo clásico del "líder de nivel 5" (un individuo que combina humildad personal extrema con una voluntad profesional intensa). Los líderes de este tipo son el factor común en las empresas extraordinarias estudiadas por Collins. Todos ellos se caracterizaban por ser individuos humildes que mostraron una gran determinación por hacer lo necesario para convertir su organización en extraordinaria.

> **La humildad se convierte en el rasgo más "elegante" del éxito y es esencial en los negocios**

2 CASOS DE NEGOCIOS

La Humidad Engrandece: Johnson & Johnson y Tylenol

En 1982 la empresa retiró de los anaqueles de todas las tiendas y supermercados 31 millones de botellas de Tylenol, después de que ocho personas fallecieran por ingerir las cápsulas envenenadas con cianuro. Nunca determinó el motivo ni quién fue.

El retiro costó U\$S 240 millones a J&J y recortó las utilidades de ese año en un porcentaje cercano a un 50% por la caída en ventas. La situación no tuvo su origen en J&J, pero la empresa se desprendió de la soberbia y tomó la decisión más acorde con los valores, y actuó antes de concluir la investigación, retirando el producto del mercado y rediseñando los envases para que en el futuro fueran inviolables.

Al transcurrir un año a partir del momento en que ocurrió el incidente, las ventas se recuperaron y la marca Tylenol se consolidó, ganando en confiabilidad, al mismo tiempo que la empresa obtuvo un enorme prestigio ético.

¿Qué pasa cuando una empresa pierde la humildad?
No reconocer un error a tiempo.
El falso jugo de manzana de Beech nut Co.

La empresa protagonista de este caso, para el momento en que se produjo el escándalo, era la segunda en producción alimentos para bebés, con una participación del 15% en el mercado. Comprada en 1979 por Nestlé, para recuperar su prestigio nombró a Niels Hoyvald presidente en 1981. Él era un ejecutivo reconocido y con trayectoria, en junio de 1982 se enfrentó la sólida evidencia que, desde 1977, la empresa había comercializado jugo de manzana para bebés producido a partir de concentrados que no contenían manzanas, y adquiridos a precios bajos.

El vicepresidente, John Lavery, no dio importancia al informe que denunciaba la presencia de jarabe de maíz en el jugo, así como otras referencias de la dudosa reputación del proveedor de la materia prima. En ese caso, un investigador privado del Processded Apple Institute descubrió que dicho proveedor Universal Juice Co., solo producía agua azucarada e informó a Lavery y otros ejecutivos, invitándolos a unirse en un juicio contra el proveedor.

Un grupo de ejecutivos presionaron para cambiar de proveedor y retirar el jugo del mercado. Hoyveld dudó, pues consideraba que, aunque el jugo era falso, no era dañino y su sabor era parecido al de manzana, y tenía un compromiso con sus superiores de Nestlé Suiza de obtener un beneficio de U$S 7 millones ese año.

Cambiar proveedores implicaba pagar U$S 750.000 más por año, además el retiro costaría U$S 3.500.000, llevando la empresa a la quiebra, como consecuencia directa, y el cierre. Antes de que las investigaciones estatales y federales continuaran y pudieran retirar del mercado el stock de jugo, la empresa inició una agresiva campaña de ventas (a mitad de precio) fuera de los Estados Unidos: Puerto Rico y República Dominicana.

Hasta marzo 1983 siguieron comercializando su supuesto jugo de manzana. Cuando se les ordenó retirar el producto y destruirlo solo quedaban en existencia 20.000 cajas. En 1988 Hoyvald y Laery fueron juzgados y condenados por cargos de fraude al consumidor y recibieron ambos una sentencia de prisión de un año y un día, y multas de U$S 100.000 cada uno. Previamente la empresa Beech Nut había llegado a un arreglo con relación a los cargos mediante el pago de una multa de U$S 2.000.000.

También acordaron una negociación U$S 7.500.000 por la actuación iniciada por los consumidores. Nestlé mantuvo a Hoyvald y Lavery en su nómina y se hizo cargo de sus gastos legales por varios millones. El juez rechazó el pedido del abogado de Hoyvald que solicitaba eximirlo de prisión y tenerlo a prueba con el requisito de dar conferencias a estudiantes de negocios, para evitar que cometieran sus mismos errores.

Surgen las interrogantes

¿Cuál era el mejor negocio para la empresa? ¿Ser humilde, reconocer el error y asumir las consecuencias o, llenarse de soberbia, ocultarlo y perjudicar la reputación de sus directivos, de la empresa y crear el peor pasivo para una marca, como es la desconfianza de sus clientes? La respuesta correcta no requiere de mucha explicación. Al ver el desenlace de los hechos se concluye la siguiente ecuación:

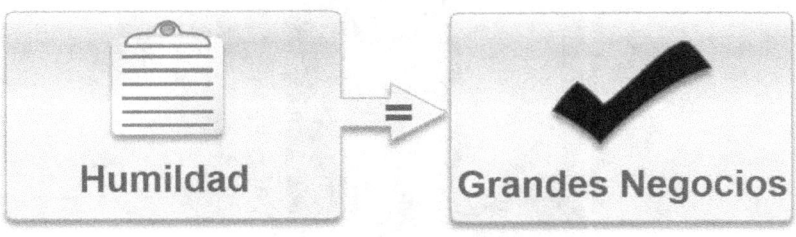

LA SOBERBIA DEL LÍDER
La empresa que se apoderó del mercado para perderlo

La música portátil nace con el sueño de trasladar un radio de transistores a cualquier sitio. Al comienzo los equipos eran muy grandes, difíciles de trasladar y poseían la cualidad de ser portátiles solo porque funcionaban con baterías. Sony no inventó el radio de transistores, pero sí lo rediseñó para que fuese más portátil. El radio portátil de Sony empezó a generar resultados positivos y entendieron que, si querían continuar innovando y fabricando productos atractivos para sus clientes, el camino era hacerlos más portátiles.

Con la innovación que representó el casete, la empresa empezó a fabricar dispositivos que los reproducían. Eran grabadoras muy grandes que se llevaban de un lado para otro, de la misma manera que el radio. La revista Times relata, en un artículo sobre el origen del Walkman el inicio de una revolución para la los dispositivos de reproductores de música. Uno de los principales directivo y fundadores de Sony, Akio Morita, cargaba un reproductor de casetes de Sony en sus viajes de negocios y, un día, se bajó del avión con la idea de hacer de la música portátil una experiencia privada. Se mantuvo con la idea en la cabeza, se la llevó a su equipo de ingenieros y así nació la primera idea original de Sony: el 1 de julio de 1979, la empresa le mostró al mundo el Walkman.

Walkman sony 1979

Como las mejores invenciones, el producto mezclaba muchas ideas: el casete, los audífonos y la portabilidad. Aquel equipo se presentó en un dispositivo azul, con botones grandes. Sony afirmó que se comercializarían 5.000 equipos en Japón después del lanzamiento, pero en realidad ese número se multiplicó por 10. Era la primera vez en la historia en la que todo el mundo podía ir por la calle escuchando lo que quisiera sin interrumpir ni molestar a nadie.

Otras empresas (como Aiwa y Philips) empezaron a imitar el producto, pero Sony ya jugaba posición adelantada. La empresa le incorporó funciones a su dispositivo: radio, el botón que mejoraba los bajos (el Bass Boost) y un rebobinador para el casete. Incluso llegaron a comercializar un Walkman que utilizaba energía solar.

Los ochentas fueron los años del Walkman. El dispositivo invadió todos los mercados del mundo, incluyendo el estadounidense. Sony comenzó a crecer velozmente y empezó a comprar empresas norteamericanas.

Luego llegaron los noventas, y los discos compactos empezaron a reemplazar los vinilos. Eran más baratos, más fáciles de producir y los reproductores, con el tiempo, se hicieron mucho más económicos. Sony y Phillips unieron fuerzas para desarrollar el primer Discman. Casi de la misma manera y con el mismo éxito que el Walkman, esta tecnología reinó en los noventa. Todos teníamos un Discman o un Walkman en nuestras manos. La venta de discos compactos se disparó sin precedentes, cosa que Sony celebraba al ser dueño de una de las productoras de música más importantes.

Diskman Sony 1992

Con el cambio de siglo apareció la propuesta Apple. Los reproductores de MP3, junto con la plataforma digital, transformaron de manera radical el mundo de la música; ofrecían más beneficios a los usuarios por precios más bajos. El 23 de octubre del 2001, Steve Jobs le mostró al mundo el iPod, y de nuevo la industria de la música cambió para siempre. El iPod no solo reemplazó al Walkman y al Discman, sino que obligó a los usuarios a cambiar de mentalidad.

Los discos físicos perdieron importancia, pues los archivos de música MP3 se podían descargar de la web de diferentes plataformas. Los dispositivos ofertados para el nuevo formato de música ampliaron la capacidad de almacenaje, gracias a su diseño cada vez han sido más portátiles y fáciles de manejar.

Sony, desde su posición de líder, ante esta situación, no escuchó al mercado y reaccionó comercializando productos que, más allá de su creatividad y presentaciones (como el Mini Disc), probaron que no eran los adecuados para cubrir las necesidades y nuevas expectativas de sus clientes porque costaban más y eran menos eficientes. Al final, su falta de humildad para entender los deseos y necesidades de sus clientes los hizo perder dinero y mercados. Su marca, después de estar posicionada entre los consumidores como sinónimo de tecnología de punta, pasó a ser una marca más que no representa la primera opción al momento de adquirir productos electrónicos.

Modelo del Minidisk
Sony 2002

Tener líderes inteligentes con egos de proporciones colosales es negativo para las empresas, porque ellos son los que contribuyen a la posterior decaída, continua mediocridad y su desaparición. El verdadero liderazgo tiene una alta dosis de humildad y modestia. Un líder humilde debe actuar con equilibrio, sin incurrir en excesos, y debe aprovechar todo el potencial bueno que posee para obrar bien con sus colaboradores y clientes. El líder humilde lo caracteriza su sencillez y pide ayuda cuando lo requiere. Humildad es:

- No olvidar nunca quienes somos ni de dónde venimos.
- Practicar la modestia y no permitir la adulación pública.
- Establecer normas que regulen, no dejar que el carisma sea

el único criterio.

- Canalizar ambiciones hacia su equipo y la organización, no hacia sí mismo.

- Escoger un sucesor para lograr más éxito en la siguiente generación.

- No vivir de logros pasados y plantearse el futuro como objetivo.

- Asignar el éxito a los colaboradores y al compromiso del equipo de trabajo.

En el mundo virtual de hoy, caracterizado por la comunicación, información, redes sociales y CRM, es más difícil que este tipo de situaciones se produzcan porque el consumidor tiene más poder de decisión. No obstante, en el momento en que una empresa deja de escuchar a sus clientes y pierde su humildad, comienza a fracturarse ya que el usuario deja de ser el centro de su negocio y es sustituido por la soberbia y el ego de sus líderes. Escuchar al mercado quiere decir estar atento al cliente, ¿qué dice? ¿Qué calla? Porque también se deben interpretar sus silencios para comprender qué está pidiendo, y para qué lo necesita. Muchas veces se trata de pensar con el cliente, poniéndose en su lugar y para lograrlo hay que gerenciar con humildad.

Humildad = Escuchar

Escuchar
- Escuchar a tus clientes siempre un buen negocio.

3 LIDERAZGO Y HUMILDAD

El liderazgo no se compra ni se impone, surge desde el interior de cada persona, aunque hay que reconocer que en la actualidad depende mucho de la exposición mediática que tenga la persona y del tamaño del megáfono que posee para contar su historia. Un líder real debe ser consistente y representar valores sustanciales poniéndolos en práctica. No se improvisa, por cuanto, las organizaciones deben reclutar y contratar el talento que comparta sus valores personales con los de la empresa, en particular los referidos al respeto, la consideración y, por supuesto, la humildad, además de garantizar un adecuado balance entre los conocimientos, experiencias y la riqueza de sus cualidades humanas. Esta operación se traduce en una gran ventaja para las empresas, transformándolas en semilleros para sus futuros líderes, al tiempo que instituyen una marca de liderazgo con identidad propia, la cual permite a los colaboradores apropiarse de su trayectoria profesional.

> **Con la humildad, el auténtico líder tiene como norte el bien común de la empresa y de la sociedad.**

¿Un empresario o un político deben ser humildes?

Con frecuencia vemos a políticos poner su rostro como reflejo de la obra del Estado, como si ellos fueran el Estado. De igual manera, observamos el comportamiento de muchos líderes empresariales ante decisiones éticas, donde se anteponen las ganancias al interés de los clientes. No hace falta hacer encuestas para concluir que la humildad, en la mayoría de los casos, no es prioridad entre quienes tienen la responsabilidad de dirigir instituciones en la sociedad contemporánea.

No se debe generalizar, aunque es una realidad que la mayoría de líderes políticos, empresariales y sociales, no destacan por poner en práctica la aptitud de la humildad. Muchos desarrollan, e intentan consolidar, su liderazgo fomentando el culto a su persona, sin prestar atención al magnífico caudal de conocimiento que aporta la cultura de valores, sobre todo, lo más sencillo que es la formación en el hogar, la cual permite consolidar la humildad como competencia esencial para construir hombres de éxito en el ámbito profesional y en la vida.

El líder humilde es más apreciado y eficiente. La capacidad de reconocer los errores propios, resaltar el potencial de los subordinados y proporcionar un buen ejemplo como soporte de su liderazgo, es la conducta que actúa como un potente predictor acerca de la capacidad de crecimiento de una organización.

Por tanto, ser humilde no debe ser una cualidad exclusiva del líder espiritual o del político emblemático. La humildad, en el mundo de los negocios, es un valor poderoso portador de eficiencia y méritos, sobre todo, si va acompañada de visión y voluntad. Los líderes pueden amplificar el efecto de sus acciones si proporcionan un *feedback* y favorecen la autonomía de sus seguidores, incluso permitiendo que se equivoquen. Para llegar hasta la cima de la jerarquía organizacional, es necesario aplicar la humildad, una vez lograda la posición deseada, continuar siendo humilde facilitará la eficiencia en los resultados.

El líder que hace la diferencia, es aquel que se relaciona con los empleados y los invita a expresar, sin restricciones, sus inquietudes y criterios. El autocontrol, es una de las claves para una vida exitosa, numerosos estudios han indicado que una observación constante hacia sí mismo conduce, paradójicamente, a un autocontrol limitado. Por tanto, la humildad no beneficia solo a directivos, sino también a los empleados. La honestidad y la humildad, así como la capacidad de escucha, son predictores del rendimiento en el trabajo de las personas.

El líder servidor es el que prefiere alentar, en lugar de mandar, ofreciendo a los empleados oportunidades de crecimiento, orientadas en una búsqueda constante de otros líderes a quienes pueda delegar tareas y compromisos. Este tipo de líder puede llegar a un fuerte y generalizado consenso, principalmente, mediante la persuasión, interactuando con los empleados de forma individual y creando una vinculación que, con frecuencia, trasciende el trabajo.

El liderazgo soportado en humildad

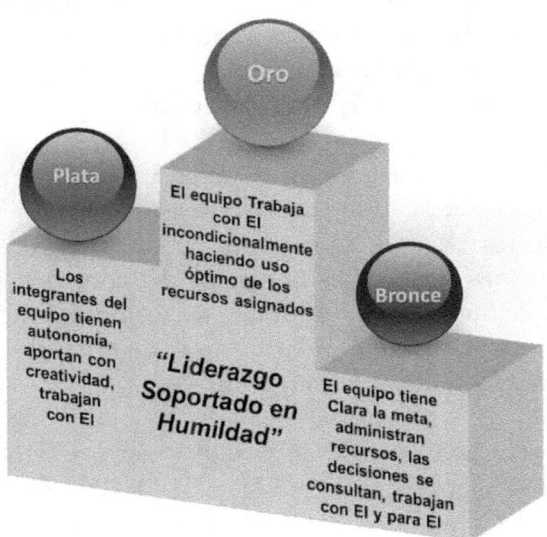

Niveles del liderazgo soportado en humildad

Oro:

• Produce grandeza sustentable, soportada en una gran dosis de humildad personal. Orientado por la visión de la empresa, ejecuta acciones que permiten alcanzarla y superarla y luego se reinventa. Escucha, identifica tendencias, procesa información, actúa con coherencia y una clara vocación por el trabajo, enfocado en el logro de resultados superiores.

Plata:

• Genera el compromiso con la finalidad de alcanzar resultados vinculados con una visión clara de la organización. Es ético, fomenta altas normas de rendimiento, enfocado en la acción regulada por la humildad y el cumplimiento de metas.

Bronce:
- Planifica y organiza personal y recursos con el fin de alcanzar objetivos predeterminados de forma eficiente.

Los modelos de liderazgo que se encuentren ubicados fuera de las categorías señaladas anteriormente, avalan su gestión ejerciendo poder y control, se le rinde culto al líder y no a resultados ni a aquello que más convenga a la empresa o la sociedad.

Para analizar y conocer en profundidad la mezcla correcta entre liderazgo y humildad, es fundamental revisar los trabajos de quienes han estudiado los orígenes de modelos de liderazgo, utilizando como sustento la historia y los datos derivados del comportamiento social. Es ingenuo pensar que las respuestas de fondo van llegar por azar, por cuanto, insistimos en abordar las tesis de grandes estudiosos del tema, por ejemplo, Samuel Huntington.

Escasos científicos sociales han sido objeto de tantas polémicas como Samuel Phillips Huntington (1927-2008), profesor de Ciencias Políticas de la Universidad de Harvard y miembro del Consejo de Seguridad de Estado, durante la presidencia de Jimmy Carter.

La dificultad para encasillar a S. P. Huntington en una ideología determinada, se debe a su uso de métodos científicos combinados con su habitual desconfianza por liderazgos y falsos consensos basados en deseos más que en proyectos viables. Tanto las causas de su impacto, como la severidad de las controversias generadas por sus propuestas, se resumen en tres tesis principales:

- Rechazo a las simplificaciones y su creencia en la continuidad para analizar los fenómenos de liderazgo.

- Facilidad para generar conceptos sencillos y concretos, alejados de la complejidad.
- Su empeño en transformar la ciencia política en herramienta explicativa con capacidad para predecir el futuro (analizando tendencias dominantes y contra tendencias).

El orden político en las sociedades en proceso de cambio (gobernabilidad, liderazgo y humildad)

El libro Orden político en las sociedades en cambio (1968), del científico social Samuel Huntington, es un clásico que se mantiene vigente. En su contenido desarrolla la tesis sobre la democracia como modelo de liderazgo inviable mientras los políticos no renuncien a la idea de comprar las voluntades de sus ciudadanos con promesas, y con cultos a su persona. No es sustentable la creación de gobiernos democráticos amparados en subsidios y déficit. El Estado de Derecho no tiene la capacidad de dotar a los ciudadanos de los bienes básicos para su subsistencia, por el contrario, es la institución que, de forma óptima y justa, facilita el proceso para que cada quien pueda obtener un empleo.

En el contexto de esta obra, Huntington desarrolla uno de los conceptos más influyentes de las Ciencias Políticas en los últimos 50 años: gobernabilidad. El científico plantea que "la diferencia política más relevante entre los países no es su forma de gobierno, sino su grado de gobierno." (S. P. Huntington, 1968).

Él afirma que lo más peligroso para la democracia son las falsas promesas de igualdad y equidad, y solo suman la corrupción de los pobres con la ya existente corrupción de los ricos. Por consiguiente, las burocracias estatales no deben ampliar sus poderes, sino hacer más bien lo contrario: ser humildes y limitarse a dejar que las cosas se desarrollen de forma natural, y así faciliten la transformación de una sociedad tradicional a otra moderna y democrática.

La proliferación de líderes de gobierno y empresas populistas, apoyados en corruptas y costosas burocracias, utilizan recursos de las instituciones que lideran, y los enfocan en ayudas que, luego, cobran con obediencia. De esa forma crean culturas becarias de ciudadanos dependientes del líder empresarial, o del Estado. En ese escenario, el culto a la imagen personal es el objetivo, sin importar que se endeude el futuro de las empresas o de las naciones. Esas fueron algunas de las lúcidas visiones del politólogo hace 45 años.

Un país, o empresa, que maneje modelos de liderazgo diferentes a los enmarcados dentro de las categorías: Oro, Plata y Bronce, ponen en evidencia que la humildad no forma parte de su cultura de trabajo, tampoco del criterio para generar resultados superiores. Se infiere que descartan esta competencia indispensable para incrementar y mejorar conductas. Sus esfuerzos se focalizan en el culto al líder, no obstante, no establece compromiso con los resultados sino con las órdenes; el cuestionamiento es entendido como alta traición y la creatividad es penalizada. En este modelo de liderazgo la gente trabaja solo para el líder no con él. Aunque es difícil imaginarlo, este modelo de liderazgo sigue poniéndose en práctica desde en una pequeña empresa familiar hasta en el gobierno de una nación.

Individualismo y crisis

Cuando las crisis se presentan y las personas se complican, los empresarios tienden a asumir dos actitudes derivadas del temor y de sus propias limitaciones: el fatalismo y el individualismo. El fatalismo considera que la crisis es un problema nacional o mundial; por tanto, para su solución no sirven las acciones particulares: él no puede hacer nada para mantener vivo su negocio y le traslada la culpa a quienes han originado la situación, ellos lo crearon ellos deben resolverlo.

El fatalista queda inmóvil, se considera perdido antes de luchar, lo máximo que puede hacer es esconderse hasta el fin de la crisis, si es que ocurre. Al fatalista le podríamos preguntar ¿por qué otros que, en las mismas condiciones, salen adelante? Seguramente esgrimirá un montón de excusas para justificar su inacción. Asimismo, es frecuente en el individualista la conducta del sálvese quien pueda. Adopta una postura egoísta y anárquica. Se aísla de los demás argumentando que no está dispuesto a hundirse con otros.

En momentos de crisis quienes están al frente de las empresas deben aplicar la humildad con más firmeza, ya que necesitan más ayuda, trabajar junto con su equipo y subordinados para salir adelante, recibir con agradecimiento su colaboración, y escucharlos. De igual forma, compartir el conocimiento y mantener viva la solidaridad y, principalmente, formar equipos de trabajo dispuestos a superar la adversidad. En el libro Las siete culturas del capitalismo

(Hampden-Turner) (1995), se dice que, para Estados Unidos, uno de los países económicamente más poderoso del mundo, los rasgos sobresalientes son: el universalismo en la gestión de negocios y el individualismo de quienes ejercen esa gestión universal.

El universalismo y el individualismo son modelos que tienen como finalidad el trabajo conjunto de los individuos, sin necesidad de formar comunidades de personas. Los sistemas corporativos no están diseñados para que la gente se desprenda de su individualismo, sino para que trabaje junta de la manera más óptima posible; por ello, no podrán alcanzar resultados importantes permaneciendo solos.

Cuando los climas organizacionales de las empresas consideran al ser humano como persona, esta no se identifica por el cargo, sino con la pertenencia. La persona no está separada de las demás, por el contrario, se encuentra vinculada con ellas. Solo las empresas que se componen de personas (con carácter y destino propios vinculados al de los demás), son capaces de conformar equipos de alto rendimiento, fortalecidos y con capacidad para enfrentar situaciones complejas que serían imposibles superar individualmente.

¿El egoísmo es alternativa?

Hablamos de egoísmo y generosidad en el entorno empresarial y en la vida cotidiana. Pensar que el hombre es en esencia egoísta es un error; pero un error mayor sería pensar que el hombre de empresa debe ser egoísta para que le vaya bien en la vida. En épocas pasadas se distinguían dos especies de tendencias naturales en el hombre. Una, en la que el deseo representaba la propensión humana a la adquisición de aquello de lo que se carece; otra, la de la efusión, que significaba la tendencia a compartir lo poseído.

Por mucho tiempo se ha pensado que la tendencia más poderosa en el hombre es la desiderativa, mientras que la efusiva es como un débil impulso que afloraría en ocasiones excepcionales y en personas superiores. Esta creencia se inserta y fortalece en organizaciones con fracasos frecuentes. Las empresas requieren, para su éxito económico, más personas humildes, orientadas a la generosidad y no al egoísmo. Quien no aprendió a ser generoso en el ámbito familiar no puede serlo en la empresa. Entre los egoístas es común encontrar personas con problemas emocionales, que pueden ganar buen dinero con su trabajo para luego perderlo en las cuentas que deben pagar por su salud.

¿Cuándo se debe compartir el liderazgo con los subordinados?

Muchas teorías organizacionales han tratado de responder esta pregunta sobre el grado en que un gerente, o director, debe compartir el poder o la autoridad con sus subordinados en la toma de decisiones y en la ejecución de ellas. Uno de los sociólogos organizacionales más reconocidos, Stephen Robbins, de San Diego State University, tiene sobrados argumentos para enfocar en esta interrogante el centro de los problemas de un liderazgo. Este argumento permite concluir que el modelo de liderazgo más sólido es aquel que se respalda en el trabajo compartido, donde la participación de los integrantes de un equipo es más activa que la fi del líder controlador.

Robbins plantea que la transición que se ha dado en el concepto de liderazgo, al considerarse de equipo, en sentido conjunto, es como si se tratase de una sola pieza cuyas partes no son separables, y se califica como un liderazgo distinto al que conocemos. El punto relevante de este sistema de organización, es que canaliza la iniciativa y el sentido de responsabilidad de los integrantes. A este sistema se le puede denominar liderazgo, más apropiadamente que al que se atribuye como cualidad de una persona.

El liderazgo no es el líder, sino el sistema de organización que permite a los miembros de un equipo actuar mejor aportando el máximo de sus capacidades. Las individualidades, como sustento de los resultados de una la empresa, forman parte del pasado, ya que el poder que pretende incrementar el crecimiento de sí mismo de forma progresiva se hace monstruoso e incontrolable; olvida que su destino natural es ser compartido por la mayor cantidad de colaboradores.

El trabajo en equipo, en los momentos actuales, es condición imprescindible para que una empresa alcance su misión. Si en algún momento del pasado "los patriarcas de empresa" podían arrastrar una organización, hoy día encontramos que, junto a las compañías serias y responsables, está un equipo bien cohesionado en el que se ha logrado eliminar el excesivo personalismo en sus miembros y se valora el trabajo constante, soportado en la humildad.

Los modelos de liderazgo pasan, en cierto modo, a convertirse en modelos de comportamiento del líder, también, se pudieran definir como grados de humildad del líder, si no fuera porque aquí interviene no solo la humildad de él, sino la capacidad de los subordinados. Estos modelos de participación del líder podrían definirse de la siguiente forma:

- Autocrático dictador. El jefe soluciona el problema o toma una decisión valiéndose de los hechos que conoce, se hace lo que dice el jefe.
- Autocrático. Recopila la información que quiere escuchar de sus subordinados y, a partir de esta, decide. Si acierta el triunfo es de él, si falla es responsabilidad del equipo.
- Consultivo 1. Comparte en forma individual el problema con los subordinados relevantes y obtiene sus ideas y sugerencias, pero la decisión final es solo suya.
- Consultivo 2. Comparte el problema con los subordinados y el equipo, obteniendo colectivamente sus ideas y sugerencias. Luego, la decisión que toma, puede o no reflejar la influencia de los subordinados.
- Coach. Comparte la situación con subordinados como equipo. Consolida información para tomar una decisión. Sus ideas como líder no tienen un peso mayor que las de los demás.

En estos modelos la influencia del jefe va disminuyendo a medida que aumenta la del equipo. Esto tiene relación directa con la humildad del líder y, como ya se dijo, con la capacidad de aportar de los colaboradores del equipo. Esta es la visión generalizada de la participación. Por tanto, se puede concluir que la capacidad de un equipo de trabajo se incrementa en proporción con la capacidad que tenga su líder de poner en práctica la humildad.

Para lograr que los componentes de un equipo tomen decisiones sin consultar al jefe, es necesaria la presencia de las tres C.

- Conocimiento.
- Comunicación.
- Capacitación.

La influencia mutua entre el líder y sus colaboradores, se halla enriquecida por la confianza y participación que genera, focalizando el esfuerzo en intereses comunes del equipo y la organización. Para desarrollar y mantener esta cultura de trabajo, es preciso un liderazgo sanado de soberbias, seguro de sí mismo y con una gran capacidad de poner en práctica la competencia de la humildad.

Un estudio publicado, en el año 2011, por los expertos Owens Bradley y David Herman, de la Academy of Management Journal, profundizó en la conducta del líder humilde, sus contingencias, y sus resultados. El informe concluye que el estilo de liderazgo soportado en la humildad, se enfoca hacia el exterior, promoviendo la cultura de aprendizaje en el equipo. Los directivos no se dan cuenta de la distancia tácita que existe en el hecho de dirigir desde una oficina distantes del campo real de trabajo, por lo que se hace necesario que se vinculen con sus procesos y colaboradores para conocer a detalle cada actividad que se realiza y sus implicaciones.

Las relaciones interpersonales son el núcleo básico de liderazgo humilde y centrado. El desarrollo de relaciones confluye en el respeto, por eso, no es suficiente parecer un jefe cercano, sino serlo realmente, según el estudio.

¿Cómo ser un jefe un humilde?

Según explica Duane en el Diario Digital Management Issues, mantener una conducta humilde para los líderes empresariales no debería ser complejo, porque solo es necesario:

- Mantenerse cercano a los integrantes de su equipo.
- Cuidar de las personas de su entorno.
- Ser emocionalmente sensible y sincero ante las necesidades

del colectivo.

- Ser visible en las áreas de trabajo (no ejercer como jefe desde su despacho), hablar e intercambiar ideas con los compañeros de trabajo (su equipo).
- Fomentar entre los miembros de la organización la libertad del aprendizaje constante, de experimentar y crecer, reconociendo las fortalezas de los empleados a cargo, además de admitir con sinceridad que nunca se sabe todo, que se tienen debilidades y se cometen errores.

Lograr ser un jefe humilde y cercano no debe ser una estrategia para mantenerse en el poder, más bien es una herramienta que permite desarrollar su carisma y diferenciarse del resto, contribuyendo a fortalecer constantemente su reputación e imagen profesional.

Trabajo en equipo y humildad

El trabajo en equipo es una de las mejores terapias para reforzar la humildad y erradicar el egoísmo, que representa un obstáculo significativo para el desarrollo personal y profesional. Un ser humano que intente hacer todo solo se auto limita, sus deseos de alcanzar metas altas no se concretarán con resultados. El trabajo en equipo es necesario para alcanzar grandes objetivos ya que motiva, y el personal involucrado dará el máximo de su esfuerzo para ser mejor versión de sí mismos. Esta meta se logra cuando los talentos se juntan y cada uno da su aporte desde sus capacidades. En un equipo de trabajo real no hay diferencias significativas que separen a colaboradores de los líderes. Este principio se basa en la humildad, ya que el trabajo participativo es el hábitat más adecuado para el desarrollo del hombre. En el mismo, los líderes dosifican su influencia para dar espacio al trabajo espontáneo de colaboradores que, al desarrollar su confianza, logran convencer a otros y capturan su colaboración; se sustentan en su habilidad para ejercer influencia. Por ello, cuando aparece el deseo de servir y colaborar con el trabajo de los otros, se inicia la puesta en práctica de la humildad, facilitando la formación y consolidación de los futuros líderes.

Según Peter Drucker, la primera lección que las escuelas de negocios deben enseñar es la responsabilidad, cada estudiante debe aprender a responsabilizarse de sus actos y de sí mismo. Esa acción permite que se trasmita a todos los miembros del equipo. Ello implica que el jefe comparta los éxitos y asuma los fracasos, en un acto de humildad que ejercerá cuando sea necesario. Es decir, debe lograrse una síntesis entre la coordinación del trabajo y la responsabilidad propia. Esta competencia prioritaria y debe ser desarrollada en equipo. Para lograrla, los equipos deben mantener la visión clara de la organización como un todo, y el gerente debe cumplir con las siguientes premisas:

- Identificar oportunidades para que el personal desarrolle sus capacidades y mejore su desempeño.
- Crear un clima de apoyo reduciendo barreras organizacionales que puedan presentarse.
- Motivar la participación de los integrantes para identificar ideas que permitan mejorar y optimizar procesos de trabajo.

El Ciclo de la Humildad

Dominio de la mente y pensamiento positivo

La mente es un gran misterio. En ella se encierran los códigos de la evolución, las experiencias y condicionamientos anímicos. La mente es un órgano de percepciones y acciones. Impulsa los estados de ánimo que tienen su origen en ella. Sin embargo, no es común que las personas se ejerciten para conocer más a fondo su mente y ejercer control sobre ella y encauzarla, si es necesario, o saber cuándo pensar y cuándo dejar de hacerlo.

Con frecuencia podemos escuchar decir que alguien sufrió una enfermedad porque estaba predispuesto. También, puede ocurrir que el médico nos diagnostique una predisposición a padecer determinada afección. Pero, realmente, ¿qué significa la predisposición? ¿Cómo se relaciona con la mente y con la humildad?

La predisposición se puede definir como disposición anticipada del ánimo del individuo para un fin concreto. Cuando una persona se propone realizar una tarea, presenta una disposición anímica que se construye en su mente y condiciona la disposición del individuo para el logro de sus metas. Un ejemplo lo observamos en el deporte; antes de una competencia, el deportista se concentra y refuerza tanto sus fortalezas físicas como mentales para que su rendimiento sea superior. Un competidor inseguro antes de la competencia difícilmente podrá ganar: está predispuesto al fracaso.

Esto ocurre con frecuencia en la vida cotidiana, cuando el ego y la desconfianza se apoderan de los pensamientos se desarrolla una sensación de estar excluidos del entorno, no porque realmente esté sucediendo, sino porque la mente construye esa percepción. Además, la falta de humildad impide comprender que otros sean protagonistas, que no siempre tenemos la razón y que en muchos casos el silencio no es tiempo perdido.

Una personalidad habitualmente triste y melancólica estará predispuesta a la depresión. Para estas personas solo es necesario que algo no suceda como esperan y sus conductas de pesimismo, desgano y tristeza se presentan de inmediato. No todo es negativo; asimismo, existe la predisposición hacia lo positivo. La persona segura, práctica y bien formada se vincula con facilidad al éxito.

En la mente se construyen las predisposiciones porque aloja las funciones del intelecto, de la memoria, la imaginación, la atención y la consciencia. Somos los herederos de la mente, y como pensamos somos. Para alcanzar un correcto ejercicio del principio de humildad cada uno debe responsabilizarse de su mente y comenzar a ejercitarla, esclarecerla, calmarla y dirigirla con acierto.

La mente puede liberar o encarcelar. Ella puede hacer que se sientan y vean cosas que no están sucediendo. Todo se vive en el escenario de la mente. ¿Realmente somos amos o esclavos de ella? La mente es desarrollable, perfectible y dominable. Sí, los modelos y reacciones de la mente se pueden modificar, así como sus hábitos y tendencias a la dispersión. Para ello hay que seguir una disciplina mental, y realizar una estrategia que convierta la mente en un órgano subordinado a la consciencia, para lograrlo se requiere de humildad, motivación, esfuerzo y disciplina.

El desarrollo de la conciencia y de la atención es un elemento muy poderoso que se logra mediante la acción consciente en la vida diaria. Al estar más atento tenemos menos pensamientos negativos automáticos. A mayor atención la acción es más enfocada y podemos auto regular nuestro pensamiento. Practicar la humildad y, por tanto, ser humilde consiste, en primer lugar, en una construcción de la mente que permite identificar las limitaciones, con el objetivo de aprender y entender el alcance de las posibilidades.

Por ejemplo, primero hemos de asumir el desconocimiento para acceder a nuevos aprendizajes. Si aceptamos los límites tomaremos conciencia de todo aquello que queda por hacer o aprender. Quien cree que lo sabe todo no podrá ir más allá, la soberbia se impone ante la humildad y produce personas engreídas y, en el peor de los casos, resentidas.

Ser humilde no es sinónimo de ser débil ni ingenuo, todo lo contrario, ser humilde es poseer grandeza de corazón, mente y espíritu para comprender el entorno con lucidez y aportar una fuerza particular para hacer ver una realidad más rica y plena, llena de oportunidades. En la dinámica vida moderna hay obligaciones, presiones laborales, proyectos que cumplir, y personas a quienes debemos responder con prontitud y no defraudar. Es obvio que en medio de tantas actividades la gente se sumerge en una rutina donde es complicado visualizar lo que realmente aporta felicidad. Sin embargo, aquí es donde empieza la humildad: comprendiendo qué es lo importante, donde la familia tiene el papel protagónico por encima del resto de las satisfacciones parciales o solamente materiales.

Pensar positivo

Cada vez existen más evidencias científicas y experimentales acerca del inmenso poder del pensamiento en la vida, tanto en sentido positivo como negativo; para sanar y abrirnos caminos, o enfermarnos y cerrar oportunidades. Investigadores del departamento de fisiología de la Universidad de Columbia (USA, Nature, Ciencie. XXIV, 23/08, 2006), usando isótopos radioactivos, como marcadores biológicos en las inmunoglobulinas humanas (proteínas y elementos de las defensas biológicas del organismo) demostraron que solo basta un minuto de pensamientos negativos y autodestructivos para que se altere por seis horas la capacidad inmunológica del ser humano.

El Dr. Carl Silmonthon, investigador de oncología de Harvard, tiene evidencias clínicas y estadísticas de cómo actitudes pesimistas y derrotistas hacen que proliferen con fuerza células cancerosas y se formen tumores. En el otro sentido, el Dr. Martín Seligman, creador del concepto de Psicología Positiva, y autor del libro La felicidad Verdadera, demuestra con sólidos argumentos, respaldados por una abundante investigación científica, cómo gente optimista y positiva, ha superado graves enfermedades, tragedias personales y situaciones conflictivas, pensando positivamente cuando todo se derrumbaba a su alrededor, convirtiéndose en héroes y salvadores de sus propias vidas.

Por otro lado, la física cuántica demuestra que somos pura energía (la materia es energía condensada), por tanto, el pensamiento también es energía. El pensamiento está permanentemente creando la realidad que vivimos a diario. Los científicos afirman que, pensar en determinados asuntos, va cargando el campo cuántico de la realidad que vivimos y, por eso, se pueden producir fenómenos de alteración de posibilidades. Los investigadores con partículas subatómicas saben que sus pensamientos afectan irremediablemente el resultado de sus experimentos.

Con todos estos antecedentes debemos hacernos responsables de lo que se piensa de sí mismo, de la realidad, de los demás y del futuro. Las personas son protagonistas activas de lo que pasará en un futuro próximo. Cada pensamiento, cada actitud, emoción y acción van tejiendo la trama de la vida por vivir, es decir, no se puede dejar de sembrar la cosecha que vamos a recibir.

Cada vez somos más conscientes de la relación entre humildad y pensamiento positivo, porque la aptitud ante la vida juega un papel fundamental para construir una pauta que permita modificar hábitos negativos, en la forma de procesar lo que sucede y aplicar estrategias más constructivas. Tener en cuenta estas claves ayuda a replantear los sentimientos, actuación y pensamientos en la experiencia cotidiana. Practicar estas estrategias contribuye a quitarnos un peso de encima porque entendemos que es imposible saberlo todo, y aprendemos a pedir ayuda cuando es requerida.

Entre las principales claves para integrar humildad y pensamiento positivo, tenemos:

- No desarrollar ideas como: suma cero o todo o nada. Asumir posiciones extremas frente a diversos temas es sencillo, lo complejo en estas situaciones es entender el punto de vista de los demás y plantear los propios sin agredir. Para lograrlo es necesario la humildad, entendiendo que cuando no se atenta contra los valores, la realidad no es "blanca y negra" o "buena o mala". Cuando se piensa en esos términos se incrementa la rigidez, no hay lugar para matices ni enfoques más amplios, la mente desarrolla tendencias a polarizar sus planteamientos, se generan angustias o exageraciones, en muchos casos, por cosas que no están pasando, incluso, ajenas a la realidad, que pueden hacer que se planteen las relaciones personales desde la perspectiva de amigos o enemigos.

- No generalizar. Cuando una persona falla eso no significa que ocurra en todos los casos. Conclusiones que comiencen con "siempre" o "nunca" suelen conducir a exageraciones y a incluir en la falla a personas no involucradas.

- No centrarse en la perspectiva negativa. Las situaciones tienen distintos puntos de vista. Si elegimos resaltar lo peor, todo se verá mal. Por ejemplo, dar más importancia a críticas que a elogios.

- Destacar lo bueno que ocurre. Por hechos que desconocemos, en muchas oportunidades los logros pasan desapercibidos en la rutina, sin entender que, si los obviamos o desvalorizamos, perdemos la oportunidad de apreciar sus ventajas. Ver lo bueno, incluso en las dificultades, es una herramienta que fortalece y permite reforzar el valor personal y la autoestima, además permite dimensionar la magnitud de los problemas, valorando las competencias personales para afrontarlo.

- Evitar las predicciones y predisposiciones. Ante personas o situaciones complejas emitimos juicios de valor, a veces solo en la mente, y nos anticipamos a los peores escenarios con sus respectivas conclusiones. Pensar que una persona no nos gusta o que algo no saldrá bien, incide en el resultado final. Otro elemento relevante es decir no a suposiciones cuando creemos que otro (amigo, pareja, compañero) piensa o siente de un modo. ¿Cómo sabemos que es así? Validar y preguntar siempre es mejor que suponer.

- No ser víctimas. Frases o sentimientos como: ¿por qué me toca siempre a mí? O, siempre tengo mala suerte. ¿Por qué a los otros sí y a mí no? Nos alejan de la responsabilidad sobre los actos personales y del poder que tenemos de tomar nuestras propias decisiones.

- No etiquetarse. Al equivocarnos, no todo lo que conforma la persona merece ser descalificado. Algo similar ocurre cuando otros cometen errores. No es lo mismo decir: "esto lo hice mal y puedo corregirlo", que "soy un tonto", teniendo siempre claro que nunca implica responsabilizar a otros por los errores propios.

- Poner límites a las responsabilidades propias. Si nos creemos responsables de todos los problemas (una separación, un hijo que desaprueba, problemas sociales...) solo sentiremos culpa. Esta idea oculta otra, más negativa y completamente alejada de la humildad: creer que todo está bajo el control de una persona.

Estas son algunas pautas que nos ayudan a pensar en positivo, sin dejar de ser realistas y manteniendo la humildad; reconociendo la existencia de problemas que se deben enfrentar y superar. Además, admitir que eso forma parte de la dinámica de la vida, pero a la vez saber que existen soluciones por descubrir, estrategias para no sufrir como elección y, sobre todo, aprender y comprender que con la forma de ser y de pensar vamos creando el futuro que vamos a vivir. La realidad es dinámica, y cada día es diferente de otro, muchas veces, cuando hay preocupación por un problema que ocurrió, nos cegamos y no vemos que el motivo por el cual sufrimos y nos angustiamos, ya ha cambiado.

No se puede pensar positivamente, cuando la persona está presa de la soberbia o el resentimiento, por eso, cuando existen problemas y frustraciones, debemos ejercer la humildad. En esos casos se debe escuchar, serenando el espíritu, evaluando las situaciones y generando pensamientos positivos. En la adversidad esto no es fácil y requiere de conciencia y disciplina, pero es necesario comprender esta realidad porque nos abre el camino del entendimiento y las soluciones.

La indagación apreciativa y el pensamiento positivo en las empresas

Los primeros estudios referidos sobre la Indagación Apreciativa se originan en la Case Western University (Ohio) en la década de los ochenta, fueron conducidos por el investigador David Cooperrider y su equipo, tomaron como referencia conceptos de psicología positiva y del constructivismo social. La propuesta de este equipo se basa en que las metáforas y el lenguaje crean una narración que tiene una influencia en las estructuras sociales y las organizaciones.

La Indagación Apreciativa es un proceso colectivo en el cual los integrantes de una organización identifican un aspecto que hacen muy bien con la finalidad de potenciarlo y optimizar el rendimiento. Esta perspectiva es contraria a otra, más frecuente, que se centra en corregir lo que hacemos mal.

La Indagación Apreciativa genera oportunidades para alcanzar un rendimiento excepcional a partir de las fortalezas presentes. Una visión conjunta de lo que ya se hace bien genera una visión colectiva del potencial futuro de la organización. Esta imagen compartida en positivo guía el crecimiento y establece cambios amparados en las fortalezas colectivas, en muchos casos ignoradas o subutilizadas.

La aplicación de este modelo de pensamiento supone un cambio profundo en la cultura latinoamericana, ya que sustituye el modelo de gestión punitivo y condenatorio, enfocado solo a buscar y conseguir problemas, además de perseguir culpables, por la identificación de lo que funciona bien y cómo se puede obtener más de esas cualidades.

Las organizaciones tienen una similitud con la personalidad y el comportamiento de sus líderes, cuando en los altos niveles se habla de lo malo y de los objetivos que no se han alcanzado, el mensaje que se trasmite a los colaboradores es pesimista y limita las oportunidades de mejora y crecimiento. Quienes tienen la responsabilidad de guiar equipos humanos, pueden ver en el modelo de Indagación Apreciativa una herramienta que les permite incrementar la satisfacción de los colaboradores; así como mejorar la productividad, optimizar el nivel de comunicación con los diferentes grupos de interés, estimular la creatividad y alinear su organización con la visión, misión, objetivos y estrategias.

No en vano, grandes empresas como: Boeing, Cisco, Verizon, Harley Davidson, Bank of America, John Deere, BBC, British Airways, Avon, Organizaciones sin fines de lucro y Comunidades de África, Asia, Europa, América del Norte y el Sur, han aplicado esta metodología con éxito, ya que, como afirmó Peter Drucker: "La tarea del liderazgo es crear una alineación de las fortalezas tan potente que hagan que las debilidades sean irrelevantes." (Drucker, 1995).

La humildad en las pequeñas cosas

Las personas humildes son discretas con sus éxitos. Practicar la humildad es un ejercicio diario que se mueve con la responsabilidad de hacer las cosas bien, de comprometerse, de hacer lo que correcto y lo que es necesario, con autenticidad

Las cosas pequeñas son las que tejen los actos verdaderamente importantes, esos códigos sencillos que tanto aportan: una sonrisa, una palabra, un gesto de empatía... Códigos que no se compran, sino que salen desde lo más profundo del ser; aspectos que se instalan en la memoria y generan disfrute de lo sencillo practicando la humildad.

Saber escuchar y entender los silencios, ser receptivos, cercanos y sinceros, son características que definen a las personas humildes. Esas que tanta confianza nos aportan y donde deberemos buscar a los verdaderos amigos. El valor de la humildad no requiere objetos materiales, las dimensiones "intangibles" son casi siempre las que nos aportan verdadero bienestar, verdadera felicidad. Es aquí donde reside la verdadera calidad de vida, en las cosas sencillas.

Manejo del ego

Desde el enfoque espiritual, el ego es considerarse a sí mismo distinto y superior a los demás debido a la identificación con el cuerpo físico. El egótico conduce su vida pensando que la existencia se limita a los sentidos, además de la mente y el intelecto. Si el ego es alto, nos identificamos menos con el alma, porque el orgullo es el principio que rige la conducta.

Máscaras en cielo

Esta máscara requiere de halagos, aprobación de otros, necesita tener el control de las situaciones y sobre las personas, porque en lo más profundo de su ser hay dudas y temor. El ego se cree superior para ocultar su sentimiento de inferioridad. El ego es un personaje que se va creando. Se aleja de la humildad y se caracteriza por su soberbia, la arrogancia, y la desmesura, esos talantes conforman su actuación ideal para mostrar una falsa autoestima que necesita proyectar y nadie vea la inseguridad que se esconde en el lado interno del individuo.

El ego desde una perspectiva psicológica

En términos sencillos, el ego se puede definir como un orgullo desmesurado sobre uno mismo, acompañado de pensamientos como: mi cuerpo y mente, mi intelecto, mi vida, mi riqueza, lo que tengo... entre otras apreciaciones. El ego también puede ser una conciencia dislocada sobre sí mismo, cargada de orgullo, presunción y 'yoísmo'.

El ego y la humildad

Una persona con un ego exacerbado, habla siempre de lo que tiene y no de lo que es. Se expresa con palabras negativas hacia los demás y vive aferrada a lo que cree que es y no a lo que realmente lo define como ser humano.

Cuando una persona está dominada por su ego, la opinión que tiene sobre sí mismo distorsiona el verdadero yo y se aleja. Por tanto, no es capaz de conocerse a sí mismo. Se engaña y no ve la realidad, se presentan como les gustaría ser, en vez de como son en realidad. El ego es una máscara social que aleja de la verdad y de la humildad como valor.

¿Qué pasa cuando el ego te domina?

Una persona con problema de ego tiene la desventaja de que no se arriesgará por el temor al fracaso, permanece en una zona cómoda y rutinaria donde alimenta su yo con halagos y aceptación. El terreno conocido es el hábito de su vida. No quiere abordar situaciones nuevas por miedo a recibir rechazos o críticas. Por el contrario, la persona humilde es receptiva ante nuevos conocimientos, posee autoestima verdadera y no tiene temor a explorar nuevas experiencias porque las desaprobaciones no le molestan, capitaliza sus errores para aprender de ellos, sin comprometer su valor personal.

¿Qué sucede si el ego no es alimentado?

Cuando el ego no es alimentado, la persona se siente mal, las emociones se manifiestan en conductas negativas, como la timidez, la rabia, la pena, y el miedo. Aquí se pone en evidencia la falsa seguridad disfrazada, porque cuando la persona recibe críticas no las acepta. Si la máscara se cae es posible que, si no está obnubilada, vea realmente que no es quien cree. Para el ego, la identidad individual depende de lo que los demás piensan, cuando domina la vida de un ser humano lo debilita y lo pone a merced de las apariencias.

Ser uno mismo y dominar el ego

El ego se desarrolla en personas que no se aceptan como son y dudan de sus capacidades, creando un efecto de protección ante supuestos ataques. Esto lejos de tranquilizarlas les produce efectos muy particulares, que las confunden alejándolas del verdadero ser. Para controlar el ego es necesario sentir seguridad del valor personal, conocer las capacidades, y atender limitaciones para mejorarlas, dejando de lado la necesidad de aparentar lo que no se es y disfrutando las cosas sencillas.

Hay que resaltar que muchas de las necesidades de aceptación exterior no son más que ilusiones creadas por el ego. Para lograr metas solo necesitamos trabajar con otros, escuchar, aprender y practicar diariamente la competencia de la humildad. No pretender ser más ni creerse menos, porque al final todos somos iguales.

La humildad permite aceptarse y valorar los buenos momentos, la esencia interior no es compleja, debemos optar por el disfrute de cosas sencillas, apreciar la belleza de la vida y buscar satisfacciones personales (práctica de hobbies, deportes, aprender constantemente, cuidado personal, intercambio con otros seres humanos, y amor por otros y uno mismo, entre otras actividades).

Es difícil conocerse, ya que la soberbia, que está presente en los seres humanos, ensombrece la conciencia y busca justificaciones a los fallos. Es usual que, ante un hecho en el que la actuación fue negativa, el orgullo se niegue a aceptar que aquella acción haya sido real, y se llega a pensar que se actuó mal por culpa de los demás.

Una vez conseguido el conocimiento propio profundo, es que llega el Segundo Escalón de la Humildad: aceptar la propia realidad. Resulta difícil porque la soberbia se rebela cuando la realidad es fea o defectuosa. Aceptarse no es lo mismo que resignarse. Si se acepta con humildad un defecto, error o limitación, se aprende a mejorar y se hace posible lograrlo, no se camina a ciegas, sino que se focalizan las energías.

La actividad empresarial está viva y es similar a la personalidad, empuje y conductas de quienes la dirigen. No existen modelos comunes para todas las organizaciones, van a depender de necesidades y momentos específicos. Con frecuencia se desarrollan nuevas teorías y acercamientos a los problemas humanos en las organizaciones; sí queda claro que las empresas dominadas por egos, están condenadas al fracaso. Se hace necesario complementar la vida profesional y personal, equilibrando la competencia con deseos de cooperación y poniendo en práctica la Humildad como una herramienta esencial en la construcción y consolidación del liderazgo personal y empresarial.

> **El ego nos aleja de otros, la humildad nos acerca**

Ocho pasos para ser más humildes.
La casa de la humildad

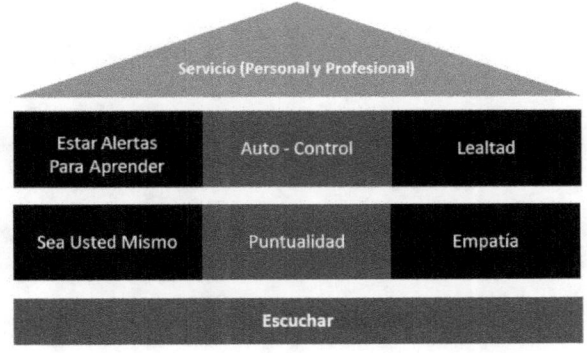

4 ESCUCHAR

COMUNICACIÓN Y HUMILDAD EN LA PRÁCTICA

Escuchar es la ruta para una comunicación más satisfactoria, dirigir la atención hacia las palabras de otros y buscar la percepción correcta de los significados que nos trasmiten. A partir de allí se puede extraer el mensaje, sin emitir juicios anticipados. De esa manera se responderá con propiedad al comprender la información dada por el interlocutor. Siempre es un reto, porque dejamos de ser el centro de los pensamientos para dedicar la atención a otros.

Es sintomático que valores de humildad y escucha se hagan más evidentes cuando un líder se encuentra en una alta posición de la estructura jerárquica, ya que el trayecto del acenso ha sido soportado por su capacidad para ponerlos en práctica. Ese hecho se debe a que los líderes humildes se benefician de culturas organizacionales donde el aprendizaje, la honestidad y la escucha son protagonistas.

Escuchar es un proceso integral donde no solo se pone atención al mensaje, sino también a los sentimientos y emociones transmitidos por el interlocutor. Parte de este proceso es replantear algunas ideas o el concepto principal para comprobar que se entendió correctamente, esta retroalimentación es lo que se define como escucha activa.

La persona que sabe escuchar puede seguir mentalmente la línea del pensamiento del interlocutor, seleccionar las ideas principales del discurso, recordar ideas previas y relacionarlas con otras,

mediante esta dinámica se muestra interés y comprensión, al momento de pedir aclaratorias. Las principales barreras para lograr una escucha efectiva son la falta de humildad, los egos desproporcionados y la tendencia a juzgar. Estas conductas (erradas) funcionan como filtros perceptivos que distorsionan el mensaje que se transmite. Ese ruido que entorpece la comunicación y comprensión efectiva, es provocado por ideas preconcebidas, estereotipos acerca del interlocutor o el contenido de su mensaje.

Elementos que limitan la escucha

- Ensayar. Pensar lo que va a decir cuando su interlocutor termine de hablar.
- Soñar despierto. Dejar que su mente vague por ahí.
- Filtrar. Oír solo una parte de la conversación y hacer caso omiso al resto.
- Completar. Interrumpir al interlocutor para completar la frase porque se cree conocer lo que el otro va a decir.
- Leer el pensamiento. Tratar de adivinar lo que la persona está diciendo sin pedirle siquiera que explique.
- Interrumpir. Interferir en el discurso del interlocutor o en la conversación.
- Tranquilizar. Decirle a la persona que todo está bien e ignorar sus sentimientos.

Estas barreras generan que la escucha sea incompleta, en este caso la humildad se hace necesaria porque nivela y permite prestar atención a otros, colocándose a sí mismo en una posición secundaria, que es una condición imprescindible para lograr escuchar activamente y ser mejores comunicadores. Antes de contestar para cuestionar, se debe argumentar. Cuando la otra persona experimenta sentimientos muy fuertes y quiere plantear un problema, es el momento de poner en práctica la humildad de la escucha activa con el propósito de:

- Validar que se han comprendido las palabras y el significado que tienen.
- Demostrar interés.
- Eliminar el síndrome de "ellos no entienden".
- Estimular a la persona para que explique con profundidad.
- Poder codificar significados no evidentes de las palabras.

Claves para el logro de una escucha activa

- Mostrar comprensión y aceptación a través del tono de su voz, expresiones faciales, gestos, el contacto visual y la postura.
- Tratar de ponerse en el lugar de su interlocutor entendiendo lo que dice y los sentimientos que evoca.
- Concentrarse en lo que está diciendo.
- Mantener una posición neutral.
- No colocar a nadie en una posición inferior.
- Reflejar sentimientos.
- No protagonizar la conversación: interrupciones, consejos, sugerencias, traer al intercambio problemas similares a los del interlocutor, entre otros obstáculos.
- Alentar: interesarse por aquello que la otra persona expresa y estimularla a seguir, sin mostrar acuerdo o desacuerdo.
- Replantear: repetir las ideas fundamentales con palabras propias para validar que se escuchó y entendió el mensaje.
- Reflejar: demostrarle a su interlocutor que usted comprende cómo se siente.

Escuchar eleva la autoestima de la persona que habla, genera un clima positivo para la comunicación, las relaciones interpersonales y amplía el vocabulario indirectamente. Nunca será redundante reforzar que las organizaciones son redes comunicacionales. El ser humano no solo es inteligencia o razón, también tiene sentimientos y emociones; por cuanto debemos acercarnos a la comunicación para entender las relaciones con la sociedad.

Para el ser humano no es suficiente decir las cosas, es necesario ser escuchado.

La comunicación no debe confundirse con la dirección, pero no puede haber acción directiva si no se da una verdadera comunicación entre jefes, colegas y subordinados. En el liderazgo la importancia no solo recae en hablar, sino en el acto de escuchar, siendo la escucha un componente básico de la comunicación. Escuchar y humildad tienen una gran conexión, no se puede ser un gran líder sin ser un excelente oyente con una dosis significativa de humildad.

La escucha tiene que ver con los gestos, que complementan el mensaje. Por ello es necesario una mirada atenta, muchas veces un gesto es capaz de trasmitir más información que mil palabras. El acto de escuchar no solo consiste en ver al otro a los ojos, también exige entender cómo somos observados.

Escuchar sin humildad es casi imposible. El acto de escuchar se resume en el interés hacia el interlocutor; nos interesa lo que dice, el modo de mirar, los gestos y su postura. Incluso, la persona toda como una integridad. Al escuchar se atiende a la persona de forma completa. Asimismo, se acepta que el pensamiento propio es limitado, que la conjunción de distintas ópticas y perspectivas pueden proporcionar una visión más completa. Es aquí donde se ubica la comunión entre ser humilde y saber escuchar.

Escuchar significa centrar la atención en la persona que habla, estar predispuesto a que aquello que diga será interesante, provechoso y verdadero. Además, que lo que se diga se apoya en razones válidas, lo cual no implica aceptar como verdad o propio todo lo que exprese. Escuchar y aceptar son dos acciones distintas y no deben confundirse, siempre se tiene la alternativa de no compartir lo que escuchamos y para contra argumentar es necesario haber escuchado y comprendido previamente.

Escuchar es:
- Guardar Silencio.
- Mirar a los ojos.
- Estar atento a lo que se dice y lo que se siente.
- Dar tiempo y ser paciente.
- Replantear el mensaje del otro dijo para asegurarse de haber comprendido.

Escuchar no es:
- Distraerse haciendo otras cosas al mismo tiempo
- Dar soluciones sin brindar la oportunidad para que el otro sea capaz de descubrirlas por sí mismo.

La aptitud defensiva

No siempre la comunicación entre subordinados y jefes es agradable o fluida. A veces es necesario y, conveniente, confrontar situaciones y temas difíciles para unos y para otros. En tales casos, la actitud de escuchar se opone a estar a la defensiva, la cual asume una manera de argumentación contraria al acto de escuchar, porque son actos temporalmente separados. No se debe defender ni argumentar cuando se está escuchando. Cuando escucho y estoy callado, miro a los ojos, pongo atención a conceptos y sentimientos, soy paciente, asumo lo que el otro me dice, y lo repito si es preciso, con mis propias palabras. Un buen escucha puede ser duro y directo con la situación problemática, y suave con las personas involucradas, por cuanto es más fácil entenderse refiriendo hechos y no juicios de valor.

Estar alerta para Aprender

El entorno es cambiante, continuamente están sucediendo cosas alrededor que brindan conocimiento y enseñanzas, se puede aprender de todos (de personas ubicadas en la base de la pirámide de una organización y de los más altos niveles gerenciales) si permanecemos alertas para darnos cuenta y no juzgamos a nadie por su apariencia o posición. Con mucha frecuencia nos perdemos en la visión personal y prejuicios, malgastando la oportunidad de una perspectiva general de lo que está ocurriendo, que puede ser aprovechado.

Si nos esforzamos para ser lo mejor que podemos y tenemos la capacidad de estar alertas para aprender de otros, nos aseguramos aprendizajes constantes con posibilidades reales de aplicación en la práctica. Ser un observador permanente, con capacidad de escucha y facilidad para aprender de la sabiduría del entorno, siendo rápido para identificar las oportunidades de mejora propia, construye mejores personas y permite entender los procesos organizacionales desde el enfoque de quien los ejecuta, respetando su opinión e identificando oportunidades reales para optimizarlos.

Autocontrol

El autocontrol es la capacidad de una persona para reflexionar sobre sus deseos y acciones con sólidos argumentos. Ante la falta de autocontrol, una persona se guía por emociones, y posteriormente se arrepiente de sus acciones ya que cuando se actúa bajo el efecto de impulsos no se tiene una perspectiva objetiva de la realidad.

El autocontrol es una conducta necesaria en la vida profesional y laboral. Dominadas por las emociones, las personas pueden decir cosas de las que luego se arrepienten, en cambio, cuando una

persona reflexiona sobre sus emociones es capaz de darse un tiempo para pensar sobre lo sucedido y hablar calmado, controlando lo que expresa.

Cuando una persona aprende a conocerse, puede desarrollar la capacidad de predecir algunos de sus comportamientos habituales. Este autoconocimiento le aporta dominio de sí mismo, al ser dueño de los actos y palabras, tiene el autocontrol necesario para vivir una vida más plena.

Sin autocontrol se pierden los estribos ante situaciones difíciles y se reacciona de forma imprevisible. El autocontrol se cultiva en el mundo interior de cada persona, evitando apresurarse, entendiendo que la verdadera felicidad depende de una decisión personal, que la paciencia siempre brinda dividendos. Pensar antes de hablar y medir las consecuencias de las palabras, así como entender el impacto de las acciones siempre evitará malos entendidos y sumarán conocimiento para la construcción de relaciones sanas y efectivas.

El autocontrol es esencial para la disciplina y el dominio de las emociones, y abre las puertas para que la razón sea el principal criterio en la toma de decisiones. Las personas alcanzan su máximo cuando las emociones se mantienen reguladas y bajo control. Por esta causa se afirma que la motivación es individual e intrínseca, porque los discursos apasionados solo sirven para crear picos en las emociones y dejar desasosiego. Lo más adecuado es mantener un proceso gradual de incremento en los logros y en las emociones. El autocontrol brinda estabilidad emocional y limita las caídas.

El autocontrol evita las confrontaciones inútiles y la pérdida del control de las emociones, mientras la autodisciplina fortalece el juicio y el sentido común.

¿Cómo alguien puede desempeñarse al máximo si su juicio está comprometido y su mente se halla aturdida o dominada por sobresaltos y emociones? El autocontrol lo mantiene en el presente y abre las puertas del futuro.

Lealtad

Cumplir con aquello que se promete incluso en circunstancias cambiantes. La lealtad es un valor, quien no es capaz de ponerla en práctica es considerado traidor y, al transcurrir del tiempo, se irá quedando solo. Cuando somos leales, logramos que la amistad y las relaciones evolucionen y permanezcan, de forma sustentable, en el tiempo. Lealtad implica un compromiso sincero consigo mismo y con otros, en las buenas y en las malas, es trabajar no solo por el salario, sino porque tenemos un compromiso más profundo con la empresa donde trabajamos, y con la sociedad misma.

Una persona confiable debe ser leal a quienes dependen de ella: familia, amigos, empleados o empleador. La lealtad se traduce en respeto y bondad en acción. La lealtad se potencia en el momento que aprendemos a cuidar actitudes y pensamientos. La lealtad desarrolla el alma, la conciencia y tiene un estrecho vínculo con otras virtudes como la amistad, el respeto, la responsabilidad y honestidad. Cuando una persona es desleal lo manifiesta con ciertas conductas entre las que destacan:

- Criticar a las personas, resaltando defectos, limitaciones y cuestionando su trabajo, en particular, si no están presentes.
- Divulgar confidencias.
- Hacer poco esfuerzo para realizar el trabajo.
- Prometer fechas de entrega para un trabajo y no terminarlo.
- Hacer comentarios inadecuados en público sobre la apariencia de otra persona, hacerla sentir mal y disminuir su autoestima.

Cuando las relaciones de negocios y amistad entre personas se mantienen en el tiempo, son motivadas, en gran medida, a la puesta en práctica de la lealtad como valor y competencia. Podemos trabajar al máximo de las capacidades cuando somos leales al equipo, a líderes y a los fines que se persiguen. Cuando la lealtad está presente la gente alcanza la paz que le permite potenciar sus destrezas. La lealtad con los que trabajamos es absolutamente necesaria para lograr el éxito. Significa mantener el respeto personal, saber cómo y con quienes tenemos alianzas, y como relacionarse con los compañeros de equipo. El respeto fortalece la lealtad, es una fuerza unificadora que integra a las personas para desempeñarse como equipos de alto rendimiento.

Puntualidad

Es una realidad que llegar con anticipación a las citas reduce el estrés, conecta de forma positiva con la reunión por realizarse y se gana buena reputación. Una persona competente tiene el control de los aspectos básicos de su vida cuando cumple con lo planificado, independientemente de que surjan contratiempos. En la actualidad, cuando la fidelidad a los compromisos es cada vez menor, quien es capaz de cumplir lo que predica se gana el respeto de su familia y de las personas de su entorno, y en el caso de un primer contacto gana la confianza de la persona con la que inicia una relación personal y laboral.

El libro de gerencia más influyente de todos los tiempos: la Biblia, contiene pasajes referidos a la puntualidad donde afirma que: "Para todo hay un tiempo señalado, aun un tiempo para todo asunto bajo los cielos" (Eclesiastés 3:1). En el contexto se menciona que hay un "tiempo de plantar" y un "tiempo de desarraigar" (Eclesiastés 3:2). En la Biblia también se encuentra la razón más relevante y noble para ser puntuales: es una muestra de respeto hacia los demás y hacia su valioso tiempo (Filipenses 2:3, 4). Aquellos que hacen esperar a otros le están robando su tiempo.

La puntualidad es la disciplina de planificar para cumplir con las obligaciones: una cita del trabajo, una reunión de amigos, un compromiso laboral, un trabajo pendiente por elaborar y entregar. La puntualidad es requerida por los seres humanos porque proporciona carácter, orden, eficacia y respeto por el tiempo de otros. Cuando se aplica propicia las condiciones para realizar otras actividades, hacer el trabajo de forma óptima y generar confianza.

La impuntualidad es una carta de presentación negativa que indica la escasa planificación del tiempo de una persona. Cuando alguien destaca por ser impuntual, los pretextos y las justificaciones se agotan y nadie le cree.

Para ser puntual hay que asumir con humildad que toda persona, evento, reunión, actividad o cita tiene un grado de importancia, y al comprometer la palabra y el tiempo de otros hay motivos suficientes para contar con la presencia de la persona en el momento preciso. Para poner en práctica la puntualidad es necesario concentrarse en la actividad que se ejecuta y centrándose para no divagar, y aprovechar mejor el tiempo disponible.

Necesito ser puntual desde mañana

Para internalizar este valor y competencia humana, es necesario poner en práctica conductas que producen la correcta planificación del tiempo y la puntualidad, asumiendo consciencia del respeto por el valor del tiempo propio y el de otros. Entre las causas más relevantes tenemos:

- Analizar y determinar las causas de la impuntualidad: flojera, desorden, irresponsabilidad, y olvido, entre otros motivos.
- Definir un mecanismo para solucionar la causa principal de los retrasos (recordar que requiere compromiso y disciplina) para reducir distracciones y descansos a lo largo del día.
- Elaborar por escrito un horario y un plan de actividades para establecer prioridades.
- Usar la tecnología configurando un sistema de "alarmas" que ayuden a tener presente la noción del tiempo, y llevar una secuencia lógica de las actividades ejecutadas y por realizar.
- Aprender a dormir y levantarse temprano. Uno de los motivos de la impuntualidad es no levantarse a tiempo, esto conduce a un círculo improductivo que se traduce en

acostarse más tarde de lo que debería y dormirse aún más tarde, lo que imposibilita despertarse a la hora que se debe. Nada más improductivo que abrir los ojos en la mañana y descubrir que ya es tarde. Para evitar este inconveniente es necesario aprender a respetar los tiempos propios y necesidades del cuerpo.

- Aprender a decir que no. Una de las causas más frecuentes de los problemas de impuntualidad, es no saber decir que no. Desde hablar con un colega cuando se tienen otras prioridades, hasta atender actividades en el trabajo que no corresponden. Tener la humildad de pedir ayuda, delegar y a hacer las cosas en el tiempo establecido es esencial para tener una vida más organizada.

5 SERVICIO

PERSONAL E INDIVIDUAL, SER UNO MISMO, EMPATÍA

La calidad en el servicio refleja el nivel de excelencia de la persona. El servicio debe ser concebido como un bienestar para el que lo presta y para quien lo recibe. Servir a otros diferencia a los individuos y los coloca en una posición que les permite trasmitir fe, humildad, admiración, respeto, gratitud, honestidad, confianza y sinceridad. Las personas capaces de servir son siempre ellas mismas, no sienten la necesidad de imitar ni compararse con nadie, quitándose de encima el peso de las apariencias y ocupan su tiempo en el disfrute de ayudar. Quien desarrolla la vocación de servicio como conducta en su vida, siempre abre las puertas al intercambio de dar y recibir lo positivo de la vida, respondiendo la eterna pregunta: ¿sirves o no sirves?

Para las empresas, el servicio no debe ser una moda en un mundo donde la oferta comercial es cada vez más amplia. El servicio constituye un factor diferenciador para que la empresa se consolide y desarrolle su posición en el mercado. Si bien servicio y cliente están unidos y no se pueden separar, se debe tener claro que el servicio no es una receta y no se puede dar por decreto, sino que debe ser una intención mucho más real, asociada a un hábito personal, una virtud que se ejerce en el interior de la persona y que termina por generar lo que se conoce como vocación de servicio. El servicio es la disposición que permite estar atento de las necesidades de los demás, satisfacerlas en la medida de lo posible, abandonar el ego y ejercer la humildad.

Una conducta asociada al servicio, es la empatía. La empatía se define como la acción de comprender la situación de otra persona para sentir lo mismo que ella siente.

"Pensar como cliente". Normalmente, en las empresas se acostumbra a realizar el trabajo sin pensar que éste depende del trabajo de otros. Detectar las necesidades de los demás es ya un logro en sí mismo, pero no es suficiente si estas necesidades no se cubren. Uno de los factores esenciales de la gerencia es prestar atención a las personas que conforman el equipo de trabajo, con el fin de procurar que tengan todo lo necesario para realizar bien su trabajo, lo cual tiene una relación directa con el servicio y la empatía.

El servicio saca la mezquindad del pensamiento individual de las personas y las hace pensar en los demás, trayendo como consecuencia experimentar la alegría de sentirse útil. En las empresas donde su producto principal es el servicio, la calidad no se puede medir de forma matemática y dependerá, casi en su totalidad, de la percepción del cliente, por lo cual una efectiva interacción en cada contacto entre el cliente y la empresa se hace más necesaria que nunca.

Cómo lograr un servicio excepcional en las empresas

La calidad de servicio depende directamente de las personas que la conforman, existen algunas prácticas que se pueden llevar a cabo, cuyo enfoque es la atención al cliente y la mejora de su percepción frente al servicio prestado.

- **La estrategia**. Establecer en el plan estratégico de la empresa los aspectos del servicio que ejecutarán para diferenciarse y comprender las necesidades de sus clientes.

- **Compartir el éxito**. Los triunfos son del equipo y las derrotas las afronta el líder. Un líder que es incapaz de compartir los éxitos perderá rápidamente el respeto de sus colaboradores, poniendo una barrera entre la motivación de su personal y el consiguiente aporte de su mayor esfuerzo.

- **Representar la marca de la empresa**. El líder debe actualizar con frecuencia sus perfiles de redes sociales para asegurar que reflejan positivamente el negocio o empresa que representa.

- **Estándares altos**. Determinar con frecuencia y exactitud las necesidades de los clientes actuales y potenciales para ajustar la calidad del servicio de acuerdo a las necesidades.

- **Monitoreo de desempeño**. Medir el desempeño de los colaboradores para reforzar conductas asociadas al servicio puestas práctica y aplicar correctivos cuando se encuentren por debajo del estándar establecido.

- **Atención al cliente**. Independientemente de su tamaño y posición de liderazgo, las empresas deben tener la humildad de escuchar al cliente y mantenerse atentas a las tendencias del mercado, porque les permitirán desarrollar nuevos productos, atender necesidades cambiantes e incrementar la competitividad. Además, prestar especial atención a las quejas y sugerencias de los clientes.

- **Satisfacción de los colaboradores**. Los colaboradores son los que representan la empresa. La misma debe crear una relación positiva con ellos, y proporcionar un ambiente físico y cultural adecuado para el trabajo. Recompensando los aportes y conductas puestas en práctica orientadas a mejorar la calidad del servicio prestado.

El valor del cliente es el eje del cambio esencial en la dinámica corporativa en los próximos años. Por el aumento de la competencia, los productos ofertados son cada vez más similares y los clientes no crecen al mismo ritmo que la oferta. Por tanto, se hace imprescindible que las empresas se transformen para diferenciarse, el factor con más posibilidades para garantizar ese posicionamiento es el servicio.

Las exigencias de los clientes crecen exponencialmente porque saben cuánto valen, han tenido experiencias que los condujeron a aceptar y rechazar empresas de las que son o fueron clientes, porque ya no existen mercados cautivos, todo lo que se hace es público. Esas empresas para las cuales el cliente no tiene valor y, por tanto, no se ponen en el lugar de él; a las que solo les interesa su dinero, no tendrán más remedio que cambiar, para hacerlo deben bajar de su pedestal y ponerse a la altura de los clientes, acercarse a ellos, humanizarse, y empatizar, en resumen, ser humildes. Humildad que en el largo plazo genera relaciones sustentables entre los clientes, las empresas y las marcas.

Soberbia vs. Humildad

Para muchos el poder es sinónimo de orgullo, y es ejercido, en oportunidades, por personas que gerencian desde la soberbia, bajo el argumento de hacer cumplir normas. Si se intercambian reuniones con líderes con poder de decisión en una organización, es fácil identificar el tipo de ejecutivo que es por sus actitudes y conductas. Algunas de las más frecuentes son:

- La Jactancia: capacidad de alabarse a sí mismo para hacer valer su superioridad y sus buenas obras, sin colocar el mismo énfasis o resaltar el talento de otros.
- El ego agrandado: ubicarse con una visión superior a la de los demás hablando siempre de lo que tiene y no de lo que es; mostrando en su apariencia un lujo que supera lo que permiten sus propias posibilidades económicas.
- La altanería: se hace evidente por la forma como trata a sus colaboradores, hablándoles con terquedad, tono despreciativo y mirándolos con aire de superioridad.
- La ambición: deseo de resaltar cargos o títulos, considerando los beneficios y no las responsabilidades.
- Uso de lenguaje no adecuado: usar un lenguaje vulgar para poner énfasis en sus puntos de vista.
- La hipocresía: simular virtudes para tapar vicios propios y aparentar valores y competencias que no se poseen.
- La presunción: confía demasiado en su persona y cree que es capaz de efectuar mejor que otros todas las funciones, incluso asignaciones que superan sus conocimientos o capacidades.

El remedio contra la soberbia es la humildad. Ser humildes con la familia, amigos, colaboradores, jefes y con todo ser vivo con el que se tenga contacto. La humildad enaltece, nunca resta.

La empresa, como ente social y económico, tiene cuatro finalidades

- Generar riqueza o valor agregado.
- Servir a la comunidad en la que desarrolla su actividad.
- Desarrollar los colaboradores que la conforman.
- Ser sustentable en el tiempo.

El cumplimiento de objetivos organizacionales está relacionado con la responsabilidad social de la empresa. No se puede ser íntegro sí no se es socialmente responsable. No se puede ser íntegro si a nivel social es irresponsable. Para alcanzar metas empresariales, resulta indispensable que los líderes se despojen de su exclusivo interés personal, y comiencen a interesarse por la sociedad con la que conviven. No es humilde quien solo atiende el desarrollo de sus posibilidades personales, sin interesarse por su entorno y el de las personas que trabajan con él. La actitud atenta y alentadora son componentes de humildad e impactan de forma directa el crecimiento y desarrollo de los colaboradores conforme a sus capacidades.

La primera finalidad de las empresas es la creación de riqueza o valor agregado. Puede parecer opuesta al espíritu de servicio propio del ser humano y con la humildad. Esto se aclara cuando la creación de riqueza no solo se persigue para beneficiar accionistas, gerentes o directivos, sino que también beneficia a la comunidad en la que sirve, a todos sus trabajadores y a generaciones futuras. Si la riqueza es manejada con discreción, es utilizada con humildad y permite el cumplimiento de las otras finalidades de la empresa, potencian y permiten que aquello que nació como idea de emprendimiento pueda consolidarse, crecer y ser sustentable en el tiempo.

Confianza

En el mundo de los negocios se evita utilizar términos como confianza y humildad, pero quienes realizan actividades comerciales saben por experiencia que, sin confianza, se hace imposible alcanzar grandes resultados; por ello se afirma que es un valor y competencia que fundamentan las relaciones del mundo mercantil. Un comerciante que no respeta su palabra genera desconfianza, no en su oficio, sino en su persona, limitando su acción porque nadie puede hacer negocios con personas que no son dignas de confianza.

Francis Fukuyama, en su obra Trust califica la confianza como el capital social más importante, comparable con el capital monetario. Según Fukuyama, el capital social se puede definir como:

>...la capacidad de las personas para trabajar juntas en grupos y asociaciones comunes... [dependiendo del] Grado en el que una comunidad comparte normas y valores, y subordina los intereses individuales a intereses grupales superiores.

El líder no debe enfocarse exclusivamente en sus conocimientos técnicos y sentarse a esperar respuestas de sus colaboradores, más bien su actividad siempre debe focalizarse en el bienestar del otro. Su responsabilidad es social. No existe nada más perjudicial que conceptualizar el liderazgo solo como una herramienta de la gerencia.

El ejercicio del liderazgo personal y empresarial, ante todo, es humildad y servicio. Entender necesidades de los demás, antes que la preocupación por figurar. El líder debe identificarse con la tarea y los valores del equipo porque produce confianza en su dirección para permitir que otros cumplan adecuadamente sus funciones. No hay que olvidar que el desarrollo de la persona, en cualquier equipo humano, es la más alta responsabilidad del líder. No existe liderazgo si no hay personas a quienes dirigir; ser un líder no tiene sentido cuando no existen personas y objetivos corporativos concretos a quienes servir.

El líder se debe fusionar con la organización, de forma que su rol no quede al margen de un equipo determinado de trabajo. Modelar a otros es una tarea que compromete a los directivos, quienes, gracias a su posición en la estructura organizativa, tienen un amplificador para proyectar sus ideas. También poseen la responsabilidad especial sobre sus colaboradores, que les exige defender los derechos de estos, incluso, antes que los propios. El liderazgo siempre está referido a la eficacia conjunta, buscando la mejora de la organización como un todo. Si un líder solo busca la perfección de un sistema administrativo, deja de lado las personas, la empresa, y olvida que ningún objetivo importante se alcanza sin la participación de un equipo humano.

La clave es darse cuenta de que la humildad prepara el crecimiento de los colaboradores para que muestren sus cualidades y, de esa manera, faciliten la alineación de objetivos personales con organizacionales.

¿Puede un buen profesional ser una mala persona?

Muchos responderían que sí sin pensarlo mucho. Sin embargo, Howard Gardner, no opina así. El pensador, investigador, psicólogo y profesor de la Universidad de Harvard, quien se ha destacado en el campo de la ciencia por sus aportes sobre el análisis de la capacidad cognitiva humana, entre las que destaca la teoría de las inteligencias múltiples, se ha preguntado:

"¿Por qué personas consideradas triunfadoras y desatacadas en la política, las finanzas, la ciencia, la medicina u otros campos hacían cosas negativas para su entorno y para ellas mismas?".

La ética y el buen profesional

Como hemos dicho, Gardner se preguntaba por la ética de la inteligencia. ¿Es cierto que quienes se consideran triunfadores también son geniales en su aspecto humano? ¿De verdad se puede ser bueno en algún oficio o profesión siendo una mala persona?

Para responder a esta compleja cuestión, aunque a priori pueda parecer que no lo es, Howard Gardner puso en marca un experimento que se conoció como el Goodwork Project, sobre cuya metodología se realizaron entrevistas con más de 1200 personas. Aquí fue cuando llegó el sorprendente resultado. En realidad, una mala persona nunca llega a ser un buen profesional. De hecho, por mucha pericia técnica que pueda demostrar, jamás alcanzará la excelencia ni en su campo laboral ni en lo personal.

Los mejores profesionales

Una vez efectuado el experimento y analizados los resultados, Howard Gardner propone que todo buen profesional tiene que ser ECE. ¿Qué significan estas siglas? Que un individuo que aspire al más alto rendimiento ha de demostrar excelencia, compromiso y ética. En cualquier caso, muchos pensarán que esto no es cierto. Que toda mala persona puede ser magnífica en su campo. Sin embargo, Gardner estipula que este tipo de perfil tan solo busca la satisfacción de su ego y ambición, dejando de lado los objetivos que persiguen beneficios comunes. En este caso se puede llegar a ser técnicamente muy bueno en el desempeño, pero jamás tendrá la capacidad del alcanzar la excelencia, pues para eso es necesario poner en práctica la ética.

Es decir, Howard defiende la ética y el compromiso colectivo como valores ineludibles para lograr alto rendimiento y excelencia profesional. Ahora bien, aunque se llegue a ser rico y ganar mucho dinero, jamás se pondrá en práctica todo el potencial.

El profesional inercial y el estudiante transaccional

Otra figura que se extrae de los estudios de Howard Gardner es el profesional inercial. Aquellos que seden a presiones sociales y aceptan estudiar y trabajar porque es lo que exige el entorno, pero no tienen interés en desarrollarse ni poner en práctica su potencial. Otra figura es la del estudiante transaccional, esta permite analizar jóvenes que estudian únicamente por obtener una titulación que les permita acceder a un puesto de trabajo para obtener su sueldo. Este tipo de personas visualizan la vida laboral como un sacrificio, algo por lo que se debe pasar para conseguir recursos y no esperaran conquistar del ejercicio su profesión disfrute o satisfacción.

La felicidad del profesional

Hablar de la felicidad laboral en la actualidad, ya no es etéreo o intangible, diversos estudios han demostrado que constituye un factor esencial en la formación de la cultura de las organizaciones y tiene una influencia estratégica en el desarrollo de su propuesta de valor. Pasamos en el trabajo más tiempo que en ninguna otra actividad de nuestra vida adulta, por lo que se debe buscar la felicidad y realización laboral, soportado en la premisa que establece:

Si amas lo que haces, tienes más posibilidades de ser feliz en tu vida personal y vivir plenamente.

El objetivo de todo profesional de alto rendimiento es poner en práctica su potencial a través del desarrollo de sus capacidades, no sufre de crisis de vocación y continuamente se está reinventando para aportar y mejorar procesos en su labor diaria. Las malas personas o los sujetos inerciales y transaccionales tienen serios problemas a lo largo de su vida.

Para solventar esta situación, Gardner propone complementar el estudio técnico con el aprendizaje del conocimiento humanista, como la filosofía, la literatura o la historia del pensamiento, de manera que no se pierda en la especialización la perspectiva de quienes somos. De esta forma se puede evitar que se sobredimensione la sensación de control que fortalecen los estudios tecnológicos.

**No puede ser mejor gerente que persona.
Para ser humildes: "Se necesita mucha grandeza".**

El reconocido escritor argentino, Ernesto Sábato, al hacer referencia al valor de la humildad, dijo: "Se necesita mucha grandeza para ser humilde". Nada más desagradable que la soberbia de aquel que se ufana de poseerlo todo, pero carece de humildad de corazón para reconocer la necesidad de pedir ayuda, así como la oportunidad de aprender de todos, no puede ser grande una persona que no es capaz de escuchar a otros y ofrecerles ayuda.

El escritor francés Anatole Thibault France, en su obra Los dioses tienen sed, afirma "no ser jamás humilde con los soberbios, ni soberbio con los humildes." (France, 2010). Existen personas que, cuando logran posesiones, pueden llegar a desconocer hasta a su propia familia. "Se les suben los humos" y, a pesar de escalar socialmente (en muchos casos con dudosa legitimidad), luego caen de manera estrepitosa, víctimas de la soberbia y la vanidad. La soberbia es mal de aquellos que solamente piensan en su beneficio, no les interesa el mal generado por sus acciones. Compartir experiencias y conocimientos, es propio de seres tocados por la grandeza de la humildad.

Una persona que no actúa con humildad se transforma en un ser humano prepotente, lejano y déspota, perdiendo así su calidad de ser humano. El que vive con humildad en la familia, la comunidad y en las empresas, pone en práctica una conducta que le permite centrarse en sus metas alcanzándolas sin sacrificar principios ni valores, no se compara y compite diariamente consigo mismo para ser mejor.

6 CUESTIONARIO DE LA HUMILDAD

El ritmo de vida moderno es intenso, lleno de actividades y rutinas por ello las personas tienen pocas oportunidades para reservar tiempo, realizar diagnósticos de sus comportamientos y de los impactos que tienen estas conductas en su vida diaria, en sus logros y en la sociedad. Una persona no es humilde porque lo dice o cree serlo, es humilde al ser coherente en pensamiento y actuación, y cuando traduce lo que predica en conductas frecuentes y medibles.

A continuación le presentamos un cuestionario que permite determinar su disposición para poner en práctica el valor y la competencia de la humildad. El objetivo es que usted coloque la respuesta que mejor describa su realidad o las situaciones como realmente ocurren, y no como le gustaría que fueran. Es necesario recordar que el punto clave radica en entender que ser humilde es una cultura de vida.

La idea es que sus respuestas sean un diagnóstico de la situación actual y, por tanto, proporcionen un mapa de las futuras acciones que están orientadas a la búsqueda de la incorporar, fortalecer y reforzar la presencia de la humildad como un valor y competencia en su vida personal y laboral.

1. ¿Se disculpa cuando comete un error?
a) Nunca
b) A veces
c) Frecuentemente

2. ¿Sigue los consejos de personas con más experiencia?
a) Nunca
b) A veces
c) Frecuentemente

3. ¿Considera que si conoce mucho de un tema no se puede aprender más al respecto?
a) Nunca
b) A veces
c) Frecuentemente

4. ¿Le presta mucha atención a lo que demás piensan de usted?
a) Nunca
b) A veces
c) Frecuentemente

5. ¿Considera que es superior a otros en el aspecto intelectual o económicamente?
a) Nunca
b) A veces
c) Frecuentemente

6. Cuando intercambia opiniones, ¿expone sus argumentos con calma?
a) Nunca
b) A veces
c) Frecuentemente

7. ¿Le molesta cuando le señalan que hace algo mal?
a) Nunca
b) A veces
c) Frecuentemente

8. ¿Las marcas y símbolos materiales influyen para seleccionar a sus amistades?
a) Nunca
b) A veces
c) Frecuentemente

9. ¿Se empeña con frecuencia en tener la razón?
a) Nunca
b) A veces
c) Frecuentemente

10. ¿Le cuesta admitir que alguien que no piense igual a usted puede tener razón y usted estar equivocado?
a)   Nunca
b)   A veces
c)   Frecuentemente

11. ¿Se compara con frecuencia con amistades u otras personas?
a)   Nunca
b)   A veces
c)   Frecuentemente

12. ¿Le incomoda solicitar ayuda?
a)   Nunca
b)   A veces
c)   Frecuentemente

13. ¿En oportunidades miente para quedar bien con otros?
a)   Nunca
b)   A veces
c)   Frecuentemente

14. ¿Insiste en los errores ajenos?
a)   Nunca
b)   A veces
c)   Frecuentemente

15. ¿Siente que sus pensamientos tienen un enfoque negativo?
a)   Nunca
b)   A veces
c)   Frecuentemente

16. En una conversación ¿si usted no habla se siente ignorado?
a)   Nunca
b)   A veces
c)   Frecuentemente

17. ¿Cree que la gente está en su contra?
a)   Nunca

b) A veces
c) Frecuentemente

18. ¿Cuándo comparte el liderazgo siente temor?
a) Nunca
b) A veces
c) Frecuentemente

19. ¿Habla con frecuencia de lo que tiene?
a) Nunca
b) A veces
c) Frecuentemente

20. ¿Prefiere que se refieran a usted por un título (académico o profesional)?
a) Nunca
b) A veces
c) Frecuentemente

Tabla de corrección

Mayoría de respuestas A (Nunca). Es una persona que internaliza la humildad y la pone es práctica con frecuencia. Está alerta para aprender de los demás, se cuida de emitir juicios de valor y en pocas oportunidades es presa de los prejuicios; lo cual le da flexibilidad para reconocer diferentes formas de pensar. Resalta su madurez y no permite influencias de elementos con los que no está de acuerdo. Asimismo, trata de desarrollar la confianza de quien comúnmente no tiene oportunidad de compartir lo que sabe y comparte sus conocimientos con otros.

Mayoría de respuestas B (A Veces). Tiene temores, y no se ha cuestionado esa visión con respecto al conocimiento de los demás, existe miedo de reconocer que no se encuentra tan preparado como cree y que puede seguir aprendiendo. El error no es ignorar cosas, sino no hacer el intento de aprender y descubrirlo. No todos los aprendizajes están avalados por un título universitario, tampoco por las apariencias. Permítase la oportunidad de tener los sentidos abiertos para recibir la formación y los conocimientos que estén a su alcance.

Mayoría de respuestas C (Siempre). Debe trabajar en el control del ego y la soberbia. Es una persona individualista, y por ello rechaza de forma tajante la oportunidad de aprender de quienes, según su perspectiva, no tienen el conocimiento ni el nivel social que usted requiere. Debe despojar su vida de prejuicios y estereotipos y quedará sorprendido de las puertas que se abrirán.

EPÍLOGO

Humildad
Facundo Cabral

Aprende del agua porque el agua es humilde y generosa con cualquiera, aprende del agua que toma la forma de lo que la abriga: en el mar es ancha, angosta y rápida en el río, apretada en la copa, sin embargo, siendo blanda, labra la piedra dura.

Aprende del agua que por graciosa se te escurre entre tus dedos, tan graciosa como la espiga que se somete a los caprichos del viento y se dobla hasta tocar con su punta la tierra, pero pasado el viento la espiga recupera su erguida postura, mientras el roble, que por duro no se doblega, es quebrado por el viento.

Se blando como el agua para que el Señor pueda moverte graciosamente en cumplimiento de tu destino, y serás eterno como Él, porque sólo el que se deja trascender por lo trascendental será trascendente.

**Cuando somos grandes en humildad,
estamos más cerca de lo grande...**

Facundo Cabral

HILDEMARO INFANTE

BIBLIOGRAFÍA

Ackoff, Russell (1990). *Planificación de la empresa del futuro*. México. Limusa.

Cardona, Pablo (2000). *Liderazgo relacional. Documento de investigación No 412*. Universidad de Navarra. Barcelona, España. IESE.

Chinchilla, Nuria (2002). *Distintos enfoques para la dirección de fenómenos en la organización. En Juan Antonio Pérez López et. al. Paradigmas del liderazgo (p. 7)*. Madrid. McGrawHill.

Drucker, Peter (1995). *Managing in the Next Society*. New York, USA. Griffin.

(2002). *Son personas*. México. Expansión.

France, Anatole (2010). *Los dioses tienen Sed*. Barcelona, España.

Barril & Barral.

Gaos, José (1992). *Del hombre*. México. Universidad Nacional Autónoma de México.

Goleman, Daniel. Boyatzis, Richard. McKee, Annie. *El líder resonante crea más* (2002). Barcelona, España. Plaza y Janés.

Greenleaf, R. K (1970). *The servant as a leader*. Indianapolis, USA. The Greenleaf center.

Hampden Turner, Charles, y Trompenaars, Alfons (1995). *Las siete culturas del capitalismo*. Buenos Aires, Argentina. Editorial. Vergara.

Huntington, Samuel (1968). *Orden Político en las Sociedades de cambio (en español)*. Barcelona, España. Paidos Ibérica.

Kottler, P. John (1990). *What Leaders Really Do. A Force for Change; How Leadership (Review, Mayo-Junio)*. Harvard, USA. Harvard Business.

Llano Cifuentes, Carlos (1979). *Análisis de la acción directiva*. México DF. México. Limusa.

(1995). *La creación del empleo*. México DF. México, Panorama. (2000). *La amistad en la empresa*. México DF. México. Fondo de Cultura Económica.

Llano, Cifuentes Carlos (2004 – 2007). *Actividad Dimensión externa*

Dimensión interna. Revista Empresa y Humanismo. Edited by Foxit PDF Editor.

(2004 – 2007). Diagnóstico Objetividad Humildad.

(2004 – 2007). Decisión Magnanimidad Audacia.

(2004 – 2007). Mando confianza constancia.

(2004 – 2007). Lealtad Autodominio.

(2004 – 2007). Fortaleza.

(2004 – 2007). Caracterología del directivo al inicio del siglo XXI. (2004). Dilemas éticos.

(2004 – 2007). Falacias y ámbitos. La sinergia del trabajo en equipo.

(1996-1). Función, plan y proyecto. Tópicos 10, 25-59

Maslow, Abraham (1954). Motivation and Personality. New York, USA. Harper and Row.

Packard, David (1995). The HP Way. How Bill Hewlett and I Built Our Company. New York, USA. Harper Bussines.

Pfeffer, J. J (1998). The human equation. Boston, USA. Harvard Business School Press.

Robbins, Stephen P. Comportamiento organizacional. México. Prentice-Hall Hispanoamericana.

Rodríguez Porras, José María (2001). Comunicación interpersonal y la empresa. En Juan Antonio Pérez López et al. Paradigmas del liderazgo (pp. 59 y ss). Madrid. McGraw-Hill.

Seligman, Martin E.P (2002). Authentic Happiness: Using the New Positive Psychology to Realize Your Potential for Lasting Fulfillment. New York, NY. Free Press.

Servitje, Lorenzo (2003). El lado humano de la empresa. México. Expo Management 4-VI.

Schein, Edgar (1980) Organizational Psychology. Massachusetts, USA. Prentice Hall.

Spencer, L.M. & Spencer, S.M (1993). Diccionario de competencias de Spencer & Spencer, traducido al español. New York, USA. John Wiley and Sons.

Trout, Jack (1999). The Power of Simplicity. Ontario, Canada. Markham.

Contenido

Hildemaro Infante

Consultor gerencial, conferencista, docente, escritor y motivador de equipos deportivos profesionales. Su experiencia abarca más de 25 años, desempeñando posiciones de dirección en empresas líderes en los sectores de *Retail,* Consumo Masivo y Servicios.

Director de H. Infante & Asociados (www.hinfante.com), firma de consultoría dedicada a captar y crear valor para sus clientes, en las áreas de Planificación Estratégica, Análisis de Procesos, Claves de Valor sector *Retai*l, Felicidad Laboral, Cultura Organizacional, Valores, Gestión por Competencias, Desarrollo de Equipos de Alto Rendimiento, entre otras. Como consultor ha ejecutado proyectos en Colombia, Ecuador, Venezuela y Centroamérica.

Egresado de INCAE Business School Costa Rica, La Escuela No.1 de Negocios de América Latina, Designado Valedictor. Post Grado MBA en Gerencia de los Recursos Humanos (UCV) (Venezuela), Licenciado en Administración Comercial (Universidad Simón Rodríguez) (Venezuela). Docente de Post Grado en la Universidad Metropolitana de Caracas, donde además coordina diplomados.

Ha dictado conferencias en Centroamérica, Colombia, Venezuela y Ecuador, para audiencias de hasta 600 participantes. Su primer libro *"Pirámide de la Felicidad Laboral"*, se comercializa en Colombia, Venezuela y Centroamérica y sus artículos se han publicado en periódicos de Venezuela, Centro América y EEUU.

www.ingramcontent.com/pod-product-compliance
Lightning Source LLC
Chambersburg PA
CBHW051735170526
45167CB00002B/948